KB246231

책 이삭 모자이크

나남
nanam

노 승 자

진명여고, 숙명여대 영문학과, 연세대 교육대학원 졸업.
미국 농무성대학원 Korean English Teacher Training Institute과정 수료.
미국 Washington D. C. 공립학교 교환교사.
장충여중(현 장원중), 연서중 교장 역임.
〈문학공간〉 수필부문 추천 완료.
"의사소통과 인간관계" 등 연구논문 다수.
수필집으로 《신포도》, 《빈틈의 미학》이 있음.

나남산문선 · 73

책 이삭 모자이크

2008년 7월 31일 발행
2008년 7월 31일 1쇄

저자_ 노승자
발행자_ 趙相浩
발행처_ (주) 나남
주소_ 413-756 경기도 파주시 교하읍
       출판도시 518-4
전화_ 031) 955-4600 (代)
FAX_ 031) 955-4555
등록_ 제 1-71호(79. 5. 12)
홈페이지_ www.nanam.net
전자우편_ post@nanam.net

ISBN 978-89-300-0873-0
ISBN 978-89-300-0859-4 (세트)
책값은 뒤표지에 있습니다.

노승자 문학사색②

책 이삭 모자이크

나남
nanam

이 이야기에서 동기를 찾고자 하는 이들은 기소되리라.

교훈을 찾고자 하는 이들은 추방되리라.

줄거리를 찾고자 하는 이들은 총살되리라.

《허클베리 핀의 모험》 마크 트웨인

찬물 끼얹는 사람들

옛날에 엄마 곰 곰솔이가 살고 있었습니다. 아빠 곰 곰달이는 병으로 세상을 떠난 지 어언 10년이 넘었습니다. 아들 곰 곰돌이와 곰식이 그리고 곰순이도 모두 성장하여 독립하였으므로 엄마 곰 곰솔이는 홀로 남게 되었습니다. 그동안 엄마 곰은 가장 노릇하느라고 분주하여 어릴 적 꿈을 잊고 살았습니다. 곰솔이의 꿈은 '글 쓰는 사람이 되는 것'이었습니다.

이제 곰 가족은 양식 걱정은 안 해도 됩니다. 곰솔이는 미련 곰퉁이로 살아 온 지난날들을 돌이켜 보고 후회하면서 어릴 적 꿈의 한 조각이라도 이뤄 보기로 결심을 하였습니다.

지난해 겨울에는 모든 곰들이 동굴 속으로 '겨울 잠'을 자러 들어갔습니다. 하지만 곰솔이는 동굴 속에서 잠을 안자고 촛불 켜고

겨우 내내 책을 읽었습니다. 그리곤 독후감 같기도 하고 소설 같기도 하고 수필 같기도 한 이상야릇한 글을 써서 기어코 책을 만들었습니다. 새로운 책의 향기와 선명한 활자. 누구나 그렇듯이 새 책을 보면서 황홀감에 젖어 또 다른 책을 낼 작정으로 책상 앞을 떠나지 않고 죽치고 앉아 있었습니다.

오늘은 마침 엄마 곰 곰솔이의 생일입니다. 곰 가족이 모두 모였습니다. 그런데 엄마 곰이 낸 책에 관해 한 마디씩 이렇게 말하는 것입니다.

"아이 지겨워! 한 소리 또 하고 또 하고 …. 차라리 소설을 써요."

"누가 사서 읽는다고 또 책을 내요?"

"저는 엄마가 자랑스러워요."

모두 맞는 말입니다. 곰솔이는 수재도 천재도 아니고 살아 온 삶의 폭이 좁으므로 기똥찬 글을 쓸 줄 모르는 것이 오히려 당연합니다. 그렇지만 "지겨워 …"라는 말과 "누가 사서 읽는다고 …"라는 말은 곰솔이에게 '찬물'을 끼얹었고 그 '찬물'은 큰 쇼크(shock)가 되어 곰솔이의 뒤통수를 때렸습니다. 그래서 곰솔이는 그 후로 한동안 책과 펜을 던져 버렸습니다.

그런데 엄마 곰은 왜 잠이 안 올까요? 남의 책은 계속 사다가 책상 위에 잔뜩 쌓아 두었습니다. 그리고 두 계절이 지난 후 곰솔이는 다시 책상 앞으로 돌아 왔습니다. 쌓아 두었던 책과 신문들을 꼼꼼히 읽기 시작했습니다.

60대 중반에 그처럼 정열적이고 에로틱한 시를 쓰는 신달자 시인. 70대 중반에 그처럼 다감하고 통찰력 있는 소설을 줄기차게 쓰고 계신 박완서 선생님. 88세에 도도하게 노벨문학상(2007년)을 수상한 여성작가 도리스 레싱. 그리고 올해(2008년) 93세인데도 끊임없이 자연과 더불어 소박하고 열정적인 삶(그림과 글)을 향유하고 계신 동화작가 타샤 튜더….

그렇습니다. 타샤 튜더, 그녀의 꿈은 아직도 '장미 전문가'가 되는 것입니다. 그 꿈은 어린 시절 '노란 장미'에 매료될 때부터라고 합니다. 꿈을 기원하며 사는 것이 즐겁다고 합니다.

신달자 시인, 박완서 작가 선생님, 도리스 레싱, 타샤 튜더. 그들은 곰솔이에게 다시 '찬물 끼얹는 사람들'이 되었습니다. 그들로 인해 정신이 들었으니 말입니다. 이것은 뒤통수를 치는 쇼크가 아니라 앞길을 인도해 주는 좋은 의미의 찬물인 것입니다.

엄마 곰 곰솔이는 한동안 책을 멀리하고 밖으로 나돈 것이 얼마나 부끄러운지 모릅니다. 엄마 곰은 이제 할머니 곰입니다. 그렇지만 안경을 열심히 닦으며 꿈을 계속 기원하고 실현하려 합니다. 타샤 튜더처럼.

이제 곰솔이는 기발한 창작과 반짝이는 사랑 얘기는 아껴두고 독실(篤實)한 독자(讀者)로서 책 속에 묻혀 살기로 했습니다. 그래서 타임머신을 타고 '책으로의 긴 여로'를 떠납니다. 그 길목에서 달빛 샤워처럼 부서지고 떨어지는 책 이삭, 영혼의 편린(片鱗)들을 주워 사색의 모자이크를 완성해 가고 싶습니다.

그 모자이크가 킬링타임(*killingtime*, 심심풀이)이건, 카타르시스(*catharsis*, 해소)건, 나르시시즘(*narcissism*, 자기도취)이건 상관없이 그것은 그녀가 존재하는 한 삶의 방편이니까요. 또한 그 모자이크는 잊혀 가는 것들에 대한 그리움과 아쉬움에 애끓는 연민으로 점철될 것입니다.

끝으로 곰솔이는 젊은이들에게 프랑스 시인 장 루슬로의 시를 다시
한 번 들려주고 싶습니다.

　하늘의 여러 시렁 가운데서
　제 자리를 벗어난 별을 보거든
　별에게 충고하지 말고 참아라.
　그 만한 이유가 있을 거라고 생각하라.

　더 빨리 흐르라고
　강물의 등을 떠밀지 말아라.
　강물은 나름대로 최선을 다 하고 있는 것이리라.

2008년 7월

미련 곰퉁이, 저자

책 이삭 모자이크

차 례

제 1 부
살며 느끼며

누구도 당신의 꿈을 훔쳐 가게 하지 마라.
그 꿈이 무엇이든지 당신의 가슴이 원하는 것에 따르라.
《영혼을 위한 닭고기 수프》 잭 캔필드 외

예술가들의 신들린 손

1

　미국의 신경외과 의사 앨리스 플래허티는 그녀 자신의 체험을 통하여 뇌의 상태를 최초로 고찰, 연구한 《하이퍼그라피아》(*Hypergraphia*)를 썼다. '하이퍼그라피아'란 위대한 작가들의 창조적 열병, 즉 글을 쓰고자 하는 주체 못할 욕구를 말한다. 그 책의 15쪽에 달하는 긴 서문은 이렇게 시작된다.

　글쓰기는 인간이 이룩해낸 뛰어난 업적 중 하나다. 즉 글쓰기는 인간이 이룩한 가장 뛰어난 업적이다. … 나도 아들을 조산하여 잃어버린 후 '산후 기분장애'를 겪었다. 우울증과 조증을 함께 앓았다. 하루 종일 사무실에 앉아 글만 써댔다. 도무지 글쓰기를 멈출 수 없었고 이로 인해 친구와 가족들로부터 멀어졌다. 나도 결국 하이퍼그라피아라는 질병으로 받아들이게 되었다.

그것은 수많은 작가들이 안데르센의 《빨간 구두》에 나오는 주인공이 매혹적인 구두를 벗어버리지 못하고 계속 춤을 추는 것처럼 글쓰기를 멈출 수 없는 병이었다. 많은 사람들이 건강한 방법으로 글쓰기에 대한 사랑을 알게 되지만 나는 병을 통해 글쓰기의 기쁨을 알았고 동시에 안정을 찾았다. 내 글쓰기는 중독이 아닌 천직이다. … 나는 글을 쓰지 않으면 숨이 막힌다.

그러므로 그녀는 몇 날밤이고 새워가며 글쓰기를 즐긴다. 글쓰기는 영적 구원이며 나날의 즐거움이 되었다. "예술이란 질병과 고통과 아픔 속에서 탄생한다"라고 그녀는 말한다.

작가들이 글 쓰는 이유도 다양하다. 생계 즉 배고픔을 해결하려고, 누군가에게 무엇을 전하고 싶은 욕구 즉 고백의 충동 때문에 글을 쓴다. 개인의 꿈을 펼친다거나 고독을 탈피하려고 글을 쓰기도 한다. 하지만 가장 중요한 것은 '아무도 말할 수 없는 사실을 얘기하는 것'이 작가들의 임무라고 한다.

인간의 내면에서 솟구쳐 오는 왕성한 창작에의 의욕. '빨간 구두'를 신은 예술가들의 끝없는 여로—. 그 여로에는 폐결핵과 정신병 등이 그들과 공생(共生)하고 있었다. 그러므로 그들의 창작물은 그 병으로부터 오는 아픔을 잊고자 하는 안간힘에서 비롯된 것이었으리라. 글을 안 쓰면 더 심하게 통증이 느껴졌을 테니까.

그러면 얼마나 많은 예술가들이 병상에서 아픔을 딛고 수많은 작품들을 탄생시켜 왔을까?

폴란드의 작곡가 쇼팽은 200곡에 달하는 섬세하고 서정적인 곡을 남기고, 빈곤과 폐결핵으로 39세에 사망하였다.

네덜란드의 화가 고흐는 가난과 병고에 시달리며 실연의 상처를 안고 15개월간 200점 이상의 그림을 그렸다. 불꽃같은 정열과 격렬한 필치, 눈부신 색채로 꿈틀거리는 인상을 심어주는 그에게 당시 의사들은 100여 가지 넘는 병을 진단 내렸다고 한다. 결국 그는 간질병과 우울증으로 37세에 죽음에 이르렀다.

오스트리아의 작곡가 모차르트는 그의 작품이 700여 곡에 이르는데 그 천재 작곡가도 궁핍과 질병을 죽을 때까지 안고 살았다. 최근 발간된 H. C. 로빈스 랜던의 《1791, 모차르트의 마지막 나날》을 읽어보면 그의 최후의 순간이 어떠했는지 알 수 있다. 모차르트가 세상을 등지던 그 해(1791년)에 그는 건강 상태가 나쁜 중에도 오페라 〈마적〉의 마무리에 온 힘을 쏟고 있었다. 그런데 공교롭게도 '레퀴엠' 작곡을 청탁받아 병상에서도 작곡을 멈추지 못했다. 그로 인해 병세가 악화되어 그 해 12월 40세로 숨을 거두었다. 미완성 '레퀴엠'은 제자 쥐스마이어가 완성시켰다. 그의 죽음에 대한 여러 추측 즉 수종증, 급성 류머티스성 열병, 독살설, 여성 연루설 등을 불식시키고 데이비스 박사는 그의 마지막 병을 용의주도하게 요약해 주었다. "연쇄상 구균 감염, 쇤라인-헤노흐 증후군, 신장 기능 상실, 사혈, 뇌출혈, 말기 기관지 폐렴이다"라고.

미국의 천재 작가 애드가 앨런 포는 세 살 때 양친을 잃고 고아가 되었다. 11세에 시를 쓰기 시작했으며, 그의 작풍은 죽음, 공포, 암울 그리고 그로테스크한 것으로 시대를 초월한 상상력을 보여 주었다. 고독과 빈곤과 냉대 속에서도 왕성한 창작욕으로 특이한 작품을 쏟아 냈다. 그러나 결국 우울증, 알코올중독, 정신착란 등으로 40세에 사망하였다.

러시아의 작가 안톤 체홉은 대학시절부터 학비와 가족부양을 위해 소설을 쓰기 시작했다. 폐결핵을 앓으면서도 애수가 깃든 400편 이상의 단편과 콩트를 썼으며 말년에는 염세적 색채를 띠고 회의적인 글을 썼다. 결국 폐결핵으로 44세에 운명했다.

영국의 작가 R. L. 스티븐슨도 역시 폐결핵으로 피를 토하면서도 작품 활동을 계속했다. 그는 의붓아들을 즐겁게 해주려고 투병 중 《보물섬》을 썼다고 한다. 요양여행 중 사모아에서 44세에 폐결핵과 뇌출혈로 세상을 등졌다.

아직도 수많은 작가들이 질병의 고통 속에 위대한 작품을 발표한 사례가 있다. 러시아의 문호 도스토예프스키는 간질병으로 고생하며 그 많은 글을 썼고, 미국의 소설가 오 헨리는 폐결핵으로 48세에 쓰러지기까지 《마지막 잎새》 등 600여 편 이상의 소설을 썼다. 《동백꽃》으로 유명한 김유정은 29세에 치질, 폐결핵으로 세상을 떠났는데 문단 데뷔 2년 사이에 단편, 장편, 번역소설 등 30편 이상의 소설을 썼다.

'소'를 많이 그린 천재 화가 이중섭은 40세에 정신분열증과 간장염으로 사망했다. 그는 18세부터 동물에 관심을 갖고 그림을 그렸는데 영양실조와 거식증에 시달리고 지병이 악화된 상태에서도 붓을 놓지 않았다.

3

질병을 앓으면서도 좌절(挫折)이나 요절(夭折)하지 않고, 스스로 그 병을 극복하고 치유하여 오히려 그 병을 영혼의 구원과 생의 즐거움으로 전환시켜 건강하게 오래 살다가 세상을 떠난 사람들도 있다.

영국의 문호 서머싯 몸은 학창시절 폐결핵으로 학업을 중단하고 요양을 했고, 42세에 재발되어 휴양을 하던 중에도 수많은 작품을 썼다. 그는 신의 가호로 91세에 영면하기까지 60년간 장편 30편, 단편 125편, 희곡 25편, 그 밖에 여러 개의 평론과 수상, 기행문 등을 남겼다.

헤르만 헤세는 27세에 《페터 카멘친트》로 문단에 데뷔 후 85세에 뇌출혈로 타계하기까지 58년간을 인간 내면세계를 깊이 다룬 작가였다. 그는 '자신이 원치 않는 삶을 살게 될지도 모른다'는 강박관념 때문에 두 번이나 정신병원에 입원한 경험이 있다. 46세에는 류머티즘 통증으로 요양 중에도 창작활동을 계속했다. 헤세는 방황을 접고 자신이 원하는 삶을 살고 수도사처럼 묵상하며 영혼의 작품을 수없이 쏟아 냈다.

4

앨리스 플래허티. 미국 신경외과 의사이며 《하이퍼그라피아》 (글을 쓰고자 하는 주체 못할 욕구, 작가들의 창조적 열병, 한 밤 중에 걸리는 신성한 질병)의 저자, 하버드 의과대학 교수.

그녀도 쌍둥이 아들을 낳은 후 잃어 버렸다. 그리곤 우울증과 조증을 함께 앓으며 그 질병과 싸워 이겼다. 그녀는 병을 통해 글쓰기의 기쁨을 알았고 마음의 안정을 되찾았다. 그녀는 며칠이고 밤새워 글을 쓴다. 신들린 사람처럼 중얼거린다. "종이 위를 의미로 가득 채우는 이 즐거움!" 이제 그녀는 의사이며 작가다. 글을 쓰지 않으면 숨이 막힌다고 한다.

쇼팽 · 모차르트 · 포 · 체홉 · 스티븐슨 · 도스토예프스키 · 오 헨리 · 김유정 · 이중섭 그리고 서머싯 몸과 헤세에 이르기까지, 그녀의 이론대로 그들은 창조적 열병에 걸려 밤새도록 작품을 탄생시킨 위대한 인물들이다.

특히 그녀의 말 중 가장 맘에 드는 것은 "아무도 말할 수 없는 사실을 이야기하는 것이 작가들의 임무다"라는 말이다. 그러므로 나도 이제부터 '아무도 말하지 않는 사실'에 대해 용기를 내어 독자들에게 얘기를 들려줌으로써 글 쓰는 사람의 의무를 다해 볼까한다.

어떤 친구는 내게 "깨끗한 글만 쓰라"고 충언해 준 적이 있지만 어떤 글이건 솔직히 쓰고 싶고, 사전에 나와 있는 말들을 공평하게 모두 써주고 싶다. 그들이 날 기다리고 있는데 안 써주면 그들은 영영 사장(死藏) 되고 말 것이다.

그러자니 나도 '빨간 구두'를 벗지 못하고 뭔가에 홀린 듯, 신들

린 듯 밤새껏 글을 써야 하는 것이다. 탐험가들이 미지의 세계에
대한 의혹과 호기심으로 온갖 고난을 헤쳐 가며 탐험을 계속하듯,
예술가들도 끝없는 환상의 세계에 영적인 집을 무수히 구축하고 창
작에 몰두한다. 그러기 위해 여러 예술가들이 창작에 빠져드는 그
'신들린 병'과 고통스런 육신의 병을 함께 앓으면서도 그것을 자신
의 운명이나 구원으로 기꺼이 감수하는 것이다.

계절 타는 사람

　가을이 오면 나무들은 그의 잎들을 모두 떨어뜨리고, 화초들은 물을 줘도 안 먹고 뱉어 낸다. 그들은 봄을 기약하면서 겨울을 지낼 차비를 스스로 하는 것이다. 모두 털어 버리고 홀가분하게 맨몸으로 '겨울잠'을 자기 시작한다.

　이솝 우화에 나오듯이 '한 나그네가 길을 가다가 검은 구름과 함께 강풍이 불면 그는 외투 깃을 올리고 몸을 옴츠린다. 그러다가 햇님이 빛을 비추기 시작하면 몸을 원래대로 추스르고, 다시 햇빛이 강하게 내려 쪼이면 외투를 벗어 버린다.' 대부분의 사람들은 그렇게 계절의 온도에 적응하면서 순순히 살아간다.

　그런데 계절이나 날씨에 무척 민감하게 반응하면서 살아가는 사

람들도 있다. 가을의 이별을 서러워하는가 하면, 겨울의 죽음을 두려
워하고 비오는 날은 우울증에 빠지기도 한다. 또 계절이 바뀔 때마다
어디론가 증발해버리고 싶을 만큼 감상(感傷)에 젖기도 한다. 나도
예외는 아닌 걸까? 가을엔 이런 노래가 내 귀를 뚫고 들어와 머릿
속에서 맴돌고 떠나지 않는다.

가을엔 가을엔 떠나지 말아요.
낙엽지면 서러움이 더 해요.
차라리 하얀 겨울에 떠나요.
눈길을 걸으며 눈길을 걸으며,
옛 일을 잊으리라.
거리엔 어둠이 내리고 안개 속에 가로등 하나
비라도 우울히 내려 버리면 내 마음 갈 곳을 잃어
가을엔 가을엔 떠나지 말아요.
차라리 하얀 겨울에 떠나요.

〈내 마음 갈 곳을 잃어〉(최백호)

'가을엔 가을엔 떠나지 말아요. 차라리 하얀 겨울에 떠나요. …
비라도 우울히 내리면 내 마음 갈 곳을 잃어 ….' 얼마나 계절에 민
감하고 고독과 우수에 젖은 노랫말인가? 특히 가을에 이별을 경험
해 본 사람에겐 더 없이 절절한 구절들이다.

26

오래전 가을에 나도 배우자를 잃었다. 세상에서 가장 큰 스트레스는 배우자를 잃는 것이라고 한다. 그래서인지 그가 세상을 떠나던 첫 번째 겨울에는 정말 참을 수 없는 번민과 고독으로 반 달간 다락방에 올라가 두문불출했다. 그리곤 모차르트의 레퀴엠과 차이코프스키의 '비창 교향곡'을 들으면서 눈이 붓도록 오열하고 결국 우울증에 빠졌던 적이 있다. 지금도 해가 지고 어스름이 오는 저녁이면 그의 기침 소리가 귓가에 맴돌곤 한다. 그럴 땐 그가 아끼던 '롱 플레이판'을 턴테이블에 올려놓고 들으며 회상에 젖어 흐느끼곤 한다. 사람은 떠나가도 물건은 남아서 산 사람과 죽은 사람의 영혼을 이어주고 있는 것이다.

겨울의 문턱에 서면 으레 흑백영화 〈길〉이 생각난다. 천치 같은 젤소미나의 몸짓은 찰리 채플린을 연상케 해주지만 그녀의 영혼은 더없이 순수했다. 주제곡의 트럼펫소리는 겨울이 하얀 옷을 입고 살며시 스며드는 영혼의 메타포(metaphor) 같이 들린다. 그 애끓는 나팔소리는 진혼곡처럼 들리기도 하고 보헤미안의 아코디언 소리처럼 가슴에 와 닿는다. 그 트럼펫은 그녀의 고독과 슬픔을 달래주는 메시아였다. 그 나팔소리는 인간 내면 세계를 확장시켜 신성에 이르게 하는 '겨울'이란 계절의 서곡 같기도 했다.

이 영화에서 '길'이란 인간이 살아가는 동안 영적 구원을 받는 과정을 상징한다고 생각된다. 그래서 겨울에 연상되는 것일까?

　나는 겨울에 '겨울잠'을 잔다. '겨울잠'이란 안 나다니고, 안 먹고, 안 씻고 책상 앞에 앉아 있는 것이다. 주로 독서와 음악듣기를 하면서 …. 이윽고 누구나 기다리던 봄이 오면 동물이나 식물처럼 옴츠렸던 몸을 펴고 기지개를 하며 움직일 채비를 한다. 그리고 두리번거린다. 마치 굼벵이가 긴 터널을 빠져 나와 밝은 세상 구경을 하는 모습과도 같이.

　그렇다. 터널을 빠져 나온 굼벵이는 하늘을 날고 싶어 견딜 수가 없는 것이다. 그래서 일을 저질렀다. 어느 봄날 FM에서 흘러나오는 음악을 듣고 있다가 이런 메시지를 〈세상의 모든 음악〉 연출자에게 보낸 적이 있다.

봄입니다.
창밖엔 태양이 불꽃처럼 눈부시고,
창안엔 제철 만난 재스민 향기가
저의 썰렁한 공간을 가득 메워 줍니다.
'세상의 모든 음악'은 빼놓을 수없는
저의 저녁식사 메뉴 중의 하나입니다.
… 몇 주짼가 계속 슬픈 음악이 흘러나와
마음이 무겁고 침통합니다.
… 봄엔 생기발랄한 음악을 들었으면 합니다.
신나는 소리를 ….

　덕분에 얼마 동안 행진곡풍의 씩씩하고 힘찬 음악을 FM에서 들어 가슴이 후련해진 적이 있었다. 지금 생각하면 왜 그랬는지 부끄럽다. 마치 그땐 내가 중학생으로 돌아갔던 것 같다. 그리고 나는 '겨울 타는 사람'이고 '봄을 환영하는 사람'이었기 때문일까?

　나는 학창 시절 학생기자로 뽑혀서 활동한 적이 있다. 원고 청탁 등으로 이곳저곳 발로 민첩하게 뛰어다녔다. 그때만 해도 하늘 높은 줄 몰랐으며 당당하고 도도한 꿈 많은 문학소녀였다.
　어느 봄날 캠퍼스엔 보라색 라일락이 요정처럼 피어 손짓하고 있었다. 나는 보라색 라일락이 좋았고 그 은은한 향기에 취해 희열을 느끼며 발걸음도 가볍게 음대 학장실을 노크하였다. 내가 방에 들어서자 학장님(소프라노 김천애 교수)이 말씀하셨다. "미스 노는 꽃처럼 웃고 있군. 오늘 저렇게 비가 내리고 있는데…. 이런 날은 하루 종일 우울해. 말도 하기 싫고."
　나는 손으로 입을 가리며 창밖을 내다보았다. 진회색 하늘에서 굿은비가 내리고 있었다. 교수님이 엄청 센서티브한 분이라는 것을 이미 알고 있었지만 '비'에 대한 민감한 감정을 갖고 계시다는 것은 그날 처음 알았다. 물론 '비'의 이미지는 기쁨보다 슬픔이 앞선다. 평소에 명랑한 분인데 그처럼 감상적인 면도 지니셨구나하고 이해했다.

그날 원고는 받지 못했지만 교수님과 함께 점심식사를 하며 가까이서 선생님의 인간적인 면모를 접할 수 있었다. 선생님은 비빔밥, 비빔냉면 등의 음식을 즐겨 드셨다. 권위를 부리지 않고 솔직한 감정을 드러내시는 것에 항상 감동했다. 그날 이후 나도 전염이 되었는지 지금까지 비오는 날은 침울하고 선생님을 떠올리게 된다.

그 분은 광복 이전 소복을 하고 유학 중 일본에서 〈봉선화〉를 최초로 불러 청중(한국유학생)들이 눈물을 펑펑 쏟게 하셨다. 그런 연유로 귀국 후에도 길을 가다가 〈봉선화〉노래가 나오면 발걸음을 멈추고 끝날 때까지 기도하는 자세를 취하셨다. 그런 모습을 보고 사람들은 이해하지 못하고 정상이 아니라고 수군거렸다.

그에게 음악은 삶 자체이자 신앙이었다. 그는 얽매임 없는 삶을 즐기셨다. 그의 청파동 집은 '타샤의 정원'처럼 널따란 정원 한가운데 있었고, 늘 강아지와 고양이들과 함께 사셨다.

인간 김천애.* 그는 열정적인 육신과 떠도는 영혼과 평생 독신에서 오는 고독을 음악과 신앙으로 잠재운 무척이나 '계절 타는 사람'이었다.

---

* 소프라노 김천애(목사의 딸). 암담했던 일제 강점기에 울분을 달래며 〈봉선화〉를 불러 전국 방방곡곡에 퍼지게 한 애국자. 1972년(유신체제가 선포된 해)에 미국으로 이민 가셨는데 미국서 유신반대 행사에 나가 노래를 불러 영영 조국에 돌아오지도 못하셨다. 결국 1995년 삼일절 기념 음악회를 마치고 귀가하신 후 타국 로스앤젤레스 자택에서 76세로 영면하셨다고 한다.

호칭 (呼稱)에 따른 인간 심리

　어느 대학 병원에 건강검진을 받으러 갔을 때의 일이다. 대기실에서 순서를 기다리고 있는데 "노승자 선생님!" 하고 부르기에 벌떡 일어나서 검사실로 갔다. 나는 속으로 이렇게 생각했다. "간호사들이 어떻게 내 직업이 '선생님'이라는 것을 알았을까? 참 족집게 점쟁이네." 그런데 나중에 들어서 안 사실인데 그 곳에 검사나 진료를 받으러 온 사람들을 모두 '선생님'이라고 부르는 것이었다.

　또 어떤 미용실에서 머리 손질을 받고 있는데 중년의 원장 미용사가 다른 미용사들에게 "이 선생님, 김 선생님"하고 부르는 것이었다. 나는 퍽이나 의아스러웠다. 그 미용사들은 십대후반 정도로 새파랗게 젊어 보였기 때문이다. 나중에 그 사유를 알아보니, 많이 배워서 ‘선생님’이 되라는 의도에서 라고 한다. 그리고 그렇게 불러 줘야 좋아들 한다고 한다. 이 미용실이 번창하는 까닭을 이제야 알 것 같다.

얼마 전 나는 악의 없는 호칭으로 구설수에 오른 적이 있다. 새 학교에 부임을 했는데 몇 년 전에 함께 근무했던 기능직 서무직원이 있었다. 나는 그 분을 하던 대로 ‘김씨 아저씨’라고 불렀다. 그 전에 학교에서도 ‘정씨 아저씨’, ‘최씨 아저씨’ 했는데 별일이 없었다. 그런데 어째 분위기가 썰렁했다. 그 연유를 물어 보니, 서무부장이 이렇게 대답했다. 호칭 때문이었다. “그분들을 ‘김 기사님, 정 기사님’으로 불러 주세요.” 그 후부터 나는 꼭 성씨 뒤에 ‘기사님’을 넣어 불러 줬다(‘아저씨’가 더 친근감이 가지만). 서무직원도 모두 ‘선생님’을 넣어서 불렀다. 엄격히 따지면 선생님은 아니지만 상대방을 기분 좋게 해줘야 서로의 관계가 부드러워질 것 같아서였다. 미용실 원장이 자기 아래서 이제 막 배우고 있는 보조 미용사를 ‘선생님’이라고 불렀으니 고지식한 나보다 훨씬 현명하고 융통성이 있는 사람이라고 생각되었다.

한 프로 작가(글 쓰는 것이 천직이고 그것으로 생계유지하는)에게서 이런 얘기를 들은 적이 있다. 그는 주일이면 열심히 교회에 나간다. 봉사도 많이 해서 즐겁고, 또 주일학교에서 신도들을 가르치는 것이 즐겁다고 한다. 그 보다도 그들로부터 '작가'가 아니고 '선생님'이라는 소리를 듣는 것이 더없이 기분이 좋다고 한다.

모두들 '선생님'이라고 불리면 기분 좋아하는 반면, 나는 40여 년을 교직에 있었으나 '선생님'소리 듣고 그다지 감동스러워 하지 않았다. 지금은 모든 것을 마감하고 서울에서 떨어진 변두리에 살며 어릴 적 꿈을 이루겠다고 기를 써서 책 한 권을 냈다. 그 때문에 이곳 이웃 사람들이 느닷없이 나를 '작가'라고 부른다. 부끄러워서 얼굴이 많이 화끈거렸지만 그 소리가 그다지 기분 나쁘진 않았다. 나는 속으로 중얼거렸다. "알겠습니다. 이것은 제가 좀 더 열심히 해서 '작가'가 되라는 격려의 뜻이군요." 솔직히 말해서 의욕이 더 생기는 것 같았다. 또한 나를 '작가'로 부르게 해준 것은 순전히 성당 구역장님이 나에 관해 사실보다 더 부풀려 큰 소리로 나팔을 불어 주신 덕분이다. 어쨌든 고마운 분이다.

그런데 내가 아직 알 수 없는 것이 있다. '선생님'이 좋다고 너무 '선생님'을 남발하는 것이 아닐까? 의사 (醫師)선생님, 간호사 (看護師)선생님, 미용사 (美容師)선생님하면, '역 앞'을 '역 전(前)앞'이라고 하는 것과 무엇이 다를까? 그런데 '교사(教師) 선생님'이라고는 안한다.

사람의 마음은 참 간사하다. 이렇듯 상대방의 비위를 맞추며 살아가야 하니…. '늙은 여우'처럼, '능구렁이'처럼 그리고 상대방 기분을 꿰뚫는 '도사'(道士) 처럼 살아야 하니 ….

　그래도 '말'로 베풀어 서로의 관계가 훈훈해지고 상대방이 더 클
수 있다면 그 '말'을 후하게 해주는 것이 좋을 것 같다.

‘먹는 것’에 대한 단상(斷想)

1

전 세계적으로 살펴 볼 때 잘 사는 나라나 중국같이 미식(美食)의 나라에서는 음식에 대해 사치하며 지나친 시간과 돈을 들이는가 하면, 소말리아 등의 아프리카의 많은 나라들의 난민들은 최소한의 영양도 섭취하지 못한 채 강냉이 죽 반 그릇으로 배고픔을 달래며 덤덤히 살아가고 있다.

우리나라도 60년대 이전에 가장 절실한 것의 우선순위 제1위는 민생고(民生苦)를 탈피하는 것 즉 ‘배고픔’의 해결이었다. 그 시절 보통사람의 경우 고기는 생일, 제일(祭日), 또는 명절에나 구경할 수 있었고, 지금 늘상 먹는 계란이나 김도 귀한 음식이었다. 끼니를 거르지 않고 무엇으로든지 때울 수 있는 것만도 다행이었다. 그래서인지 그땐 '다이어트'(*diet*) 라는 말이 사전에 있어도 별로 사용되지 않았다.

현재 대부분 사람들의 '혀'는 매우 다양해지고 고급스러워졌고 식도락(食道樂)에 빠져 있어 식사 전에 "뭘 만들어 먹을까?"하고 즐거운 고민을 한다. 그리곤 흥청망청 너무 많이 먹고 마시고 남기고 버린다. 음식은 살아가는 데 필요한 생존의 기본 요소라는 사실을 부정할 수 없다. 그러나 사람이 '먹기 위해' 살아간다는 생각에 동의하고 싶지는 않다. 그래서 나는 평소에 식사는 '대충, 조금씩'하고 살자는 '소박한 밥상주의자'다.

또한 나는 페미니스트의 선봉자는 아니라도 '양성평등'에 관심이 있는 사람 중의 하나로서 항상 머릿속에 떠나지 않는 생각이 있었다. 그것은 '여자들이 음식 만드는 데 시간을 많이 소비하면 여러 목소리로 부르짖는 자아실현은커녕 책 읽을 시간이나 신문 볼 틈도 낼 수 없지 않은가?' 하는 생각이었다.

그런데 큰돈과 많은 시간을 들여 지나치게 많이 만들어 먹고 그 결과 살찐 몸을 다스리느라 다시 돈 들여 고생고생을 하는 사람들이 있다. 요즘 대중 사우나탕에 가보면 날씬한 여자들이 드물다. 여자들 열 명중 7, 8명은 루벤스 그림의 인물처럼 투실투실한 정도를 넘어 비만한 육체들이라 뒤룩뒤룩하고 보기에 매우 민망스럽다. 허리는 드럼통같이 일자이며 힙이나 다리도 씨름판의 스모 선수같이 거대하고 우람하다. 움직일 때 본인은 얼마나 힘이 들까?

　표준 치수에 해당하는 사람이라도 사실 하루 세끼 꼬박꼬박 차려 먹는 것은 번거로운 일일 것이다. 어디 식사대용으로 알약처럼 만들어 낸 '초간편 식품'은 없을까 생각도 해 본다. 육십 평생을 남에게 의존하여 식생활을 해결 해 온 결과 요리에 서툰 나로서는 더욱이. 그런데 요즘 요리에 무관심 했던 내게 보복인 양 시련이 다가왔다. 성당 반모임이 있어 신자들이 집에 오는 날이나, 명절에 가족들이 모이는 날이면 '음식접대'에 대해 스트레스를 엄청 받는다. 과거처럼 도와주는 사람이 없이 혼자 해결해야 하니까.

　아무리 공을 들이고 정성을 다 해서 음식 준비를 하고 상을 차려 주어도 대접받는 이들은 만족해하지 않는다. 주방이라는 공간에서 그 여러 시간을 종종걸음하고, 그릇을 깨거나 손을 베거나 데거나 하며 고생을 했는데도…. 그러니 이제야 고백 하건대, 많이 배우고 덜 배웠든 간에 부엌일과 요리에 능숙한 전업주부들이 얼마나 부럽고 존경스러운가? 정녕 그것은 아무나 하는 일이 아닌가 보다.

2

〈음식 남녀〉라는 중국영화(이안 감독, 1994)가 떠오른다. 주인공은 중년후반의 남자 요리사다. 첫 장면부터 생선을 다루는데 손도 안 베고 어쩜 그렇게 능숙하고 날렵하게 칼질을 잘하는지 리드미컬한 '예술의 경지'였다. 그는 부인과 사별하고 딸 셋과 함께 사는 중류 가정의 가장이며 호텔 최고 요리사다. 이 집의 불문율은 '일요일 만찬'에 온 가족이 꼭 참석하여 식사를 함께 하는 것이다. 물론 그 많은 요리를 아버지 혼자서 모두 만들어 식탁을 차리는 것이다. 딸들은 그냥 참석하여 먹기만 하면 된다. 평소에 아버지는 딸들을 부엌에서 쫓아낸다. 공부해서 훌륭한 사람이 되라고…. 그런데도 세 딸은 모두 자기 전공 이외에 요리도 일품이었다. 이것은 시청각 교육의 위대함을 보여주는 사례일 것이다.

날이 갈수록 가족들은 흩어지기 마련이다. 큰딸 가진과 막내딸 가령이 각각 남자를 만나 훌쩍 집을 떠나간다. 출세가도를 달리던 둘째 딸 가천은 해외 승진을 포기하고 집에 남아서 늙어가는 아버지를 위로하고 돌봐드린다. 그리고 아버지를 위해 정성껏 식탁을 차린다. 아버지는 이웃집 초등학생 금영 딸에게 음식으로 공들여, 금영에게 호감을 사서 재혼하게 된다.

이 영화에서 보여 주는 것은 바로 현재 중국의 모습이다. 중국은

'가는 곳마다 인산인해였고, 차려진 식탁마다 화려한 산해진미'였
다. 그리고 더욱 신기한 것은 아버지가 요리사라 할지라도 그렇지
잔칫상처럼 그 푸짐한 요리를 어떻게 매번 딸들을 위해 준비할 수
있을까 하는 것이었다. 딸들이 자신들의 남자 친구를 위해 요리솜
씨를 발휘하는 장면 또한 곳곳에 비쳐진다. 그리고 중국 사람들은
'먹기 위해 사는 사람들'이란 인상을 받았다. 식욕(食慾)이나 색욕
(色慾)은 인간의 본성이다. 음식(색 · 맛 · 향의 조화)을 통해 맺어지는
밀접한 인간관계는 원초적인 것이다. 또한 가족 존재의 의미는 '자리를
함께 하며, 함께 음식을 먹는 것'이라고 암시해 준다. 음식과 함께 인
생의 진면모(眞面貌)를 보여 주는 영화였다.

　이 영화를 보고나서 나는 더욱 '음식 만드는 것'에 자신이 없어
졌다. 남자도 저렇게 요리의 도사가 되었는데 여자인 내가 요리도
제대로 못하다니 …. 자괴감과 함께 누굴 위해 밥상 차려 주기를
포기하기에 이르렀다. 이젠 그 누구에게도 밥상을 차려주지 말아
야지 ….

그렇지만 세상일은 마음대로 되지 않을 때가 있다. 어느 날 방문객이 있어서 식사 때가 되었다. 또 갈등이 시작된 것이다. 평소 내 식습관을 아는 사람은 간단히 끼니를 때우는 방법에 동의한다. 자장면 같은 중국 음식을 시켜 먹는 방법에 …. 그런데 그 방문객은 "나는 중국음식을 좋아하지 않습니다"라고 너무도 솔직히 말하는 것이 아닌가?

누굴 위해 밥상 안 차리기로 맹서했지만, 그날 나는 진땀을 빼며 음식 준비를 하여 상을 차렸다. 나의 간편 식단 외에 몇 가지를 더 보충하여. 그는 식후에 "밥 잘 먹었습니다"라고 예의상 말했다. 내 귀엔 '밥'만 잘 먹었다는 소리로 들렸다. 그 밥은 혼합 잡곡밥이었으니까. 미상불 식사하고 난 그의 표정은 흡족하기보다는 떨떠름한 얼굴이었다.

후식까지 마친 후 그는 팔소매를 걷어 올리고 "도와 드릴까요?"라고 말하며 싱크대 앞으로 다가섰다. 나는 맘속으로 생각했다. '제법이구나, 그에게 이런 세련된 면도 있었나?' 그 방문객은 설거지를 매우 깔끔하게 금세 끝냈다. 설거지 통 거죽 바닥까지 철저히 닦았다. 대충 먹고 대강 치우는 나에 비하면 부엌일도 나보다 앞서 가는 듯했다. 돌이켜 보면 집안일에 대해 갈수록 남자들은 진보하고 있는 반면, 여자들은 나태해지고 퇴보하고 있는 것 같다.

누굴 위해 요리를 한다는 것은 즐겁고 의미 있는 일이다. 인스턴트 음식으로 배를 겨우 채우는 독신자들에게 '화려한 식탁'은 평소에 그림의 떡일지 몰라도 가끔 누군가를 위해 음식 준비를 하는 모습은 보기만 해도 흐뭇하다.

하지만 나 자신을 위해 음식을 만드는 일에 많은 시간을 소비하고 싶지 않다는 소신은 변함이 없다. 나의 소박한 밥상은 오늘까지 나의 건강을 지켜 주었다. 나는 '살기 위해' 소량을 먹으니까. 나는 아직도 식사대용 '초간편 식품'이 알약처럼 제조되어 나왔으면 하고 꿈 꿔 본다. 그것만 먹어도 영양실조에 안 걸린다면, 요리하는 시간이 얼마나 절약될까? 그 절약된 시간을 '삶의 질' 향상에 할애한다면 더욱 멋진 삶을 수놓게 될 것이다.

동백꽃 사연 (事緣)

1

　겨울에 접어들자 내 화초들도 계절을 타는지 동면(冬眠)을 하는 듯 꽃들도 모두 지고 물을 줘도 먹지 않고 뱉어 낸다. 잎이 시들해지고 꼼짝 않으며 키도 안 큰다. 내가 게을러서 그들을 저 세상으로 가게 해서는 안 되므로 제때에 물을 꼬박 주는데도….

　뒤늦게나마 환경변화에 대한 식물의 지혜로운 생로병사의 대응전략에 대해 읽은 기억이 난다.

　식물은 새들처럼 이동은 못하나 나름대로 환경을 극복하는 현명한 생존전략을 지니고 있다. 식물은 겨울을 위해 가을부터 준비한다. 엽록소의 합성이 중단되고 붉은색의 안토시아닌과 노란색 카로틴 색소를 만들어 잎을 지게 한다. 이것은 축적된 수분과 영양분들이 잎을 통해 빠져 나가는 것을 막기 위한 것이다. 겨울을 무사히 넘기고, 봄에 새 잎이 나고 꽃이 될 조직을 감싸며 얼지 않게 스스로 보호한다.

얼마나 현명한 식물들의 생존전략인가? 이러한 자연의 순리이며 법칙을 내가 망각했다니 …. 그래서 물을 줘도 화분 밖으로 밀어내고 모든 활동을 중지하고 도사리고 앉아들 있었구나.

나는 평소 계절에 관계없이 마음이 울적하고 허전할 때 꽃집에 들르는 버릇이 있다. 예로부터 한겨울에도 즐겨 볼 수 있는 네 가지 꽃들, 옥매(玉梅)·납매(臘梅: 섣달에 피는 매화)·동백(冬柏)꽃 그리고 수선(水仙)을 설중사우(雪中四友)라고 했다. 마침 내가 들른 화원(花園)에 동백나무가 있었는데 붉은 꽃망울이 내 눈길을 끌었다.

예쁜 화분에 각각 분갈이를 해서 동백나무 두 그루를 나의 집으로 입양(入養)하였다. 하나는 핏빛 봉오리가 진 것이었고, 또 하나는 진분홍색 봉오리가 돋아나 마치 유두(乳頭)처럼 보였다. 두 그루 모두 아직 꽃은 피지 않은 채로 망울만 져 있었다.

붉은 봉오리 맺힌 그녀는 어쩐지 더 애착이 가서 가까운 거실에 고이 모셔 두었고, 분홍색 망울진 그녀는 천덕꾸러기처럼 추운 거실 밖 베란다에 내어다 놓았다.

다른 일에 몰두하다 언뜻 보니 거실의 그녀가 불타는 듯 붉은 꽃을 몇 송이 피웠다. 제법이다 싶었다. 그리고 얼마 후 꽃과 봉오리들이 조화처럼 활동을 정지하고 말았다. 다가가서 만져 보니 바스락 소리가 났다. 아차, 그녀가 갈증을 호소하는 비명소리를 내가 왜 진작 못 들었을까? 얼른 창밖 베란다로 내다 놓았다. 그러나 그녀는 결국 석녀(石女)가 되고 말았다.

애초부터 베란다에 두었던 천덕꾸러기 분홍색 동백아가씨는 아직도 꽃을 계속 피우고 있다. 그들의 생태는 가두어 두면 안 되고 습도가 잘 맞아야 되고 무엇보다도 통풍이 잘 되어야 하는 것을 내 이기심과 무관심으로 그녀의 생존을 위협했구나.

2

소 잃고 외양간 고치는 격으로 내가 고사(枯死)시킨 붉은 동백꽃 나무에 사죄하는 양 나는 '동백나무'에 대한 여러 가지 문헌을 눈여겨 들춰 보았다.

동백꽃은 대개 11월부터 5월까지 피고 그 나무는 습기가 적당하고 비옥한 땅이면 산림이나 해안지역에서 모두 잘 자란다고 한다. 사학자(史學者) 문일평(文一平) 선생님의 《호암전집》에 보면 동백꽃에 대한 언급이 나와 있다.

조선 남방에는 동백꽃이 있어 동계에도 능히 염려(艶麗)한 붉은 꽃이
피어 무화(無花)의 시절에 홀로 봄빛을 자랑하고 있나니, 이 꽃이 동
절에 피는 고로 동백(冬栢)꽃이란 이름이 생겼다. 그 중 춘절(春節)
에 피는 것은 춘백(春栢)이란 이름으로 불려진다.
　… 동백은 속명이요, 원명은 산차(山茶)이니, 산차란 이름은 동백
의 잎이 산차와 근사함에 의해 생긴 것이다. 일본에서는 춘(椿)이라
하며, 한토(漢土: 중국)에서는 해홍화(海紅花)라고 칭하였고, 이태
백 등 역사상 여러 시인과 문장가에 의해 애상(愛賞)을 받으며 읊어
져 온 명화(名花) 중의 하나다.

꽃이 귀한 동절에 피어 만인의 사랑을 받아 온 명화이기 때문인
지 동백꽃을 표제나 주제로 한 문학 작품이 꽤 많다. 우선 내 책
둥지에서 눈에 띄는 작품부터 소개해 본다.

그대 위하여
목 놓아 울던 청춘이 이 꽃 되어
천년 푸른 하늘 아래
소리 없이 피었나니

그 날
한 장 종이로 꾸겨진 나의 젊은 죽음은

젊음으로 말미암은
마땅히 받을 벌이었기에

원통함이 설령 하늘만 하기로
그대 위하여선
다시도 다시도 아까울리 없는
아아 나의 청춘의 이 피꽃!

《동백꽃》(유치환)

시인은 사랑하는 '그대'를 위해 기꺼이 죽어 동백꽃이 된 사연을 통절하게 읊고 있다. 그의 시에는 허무의 세계를 극복하려는 원시적 의지가 곳곳에 살아 있다는 평이 따른다.

뭐니 뭐니 해도 '동백꽃'하면 김유정(金裕貞)이 1936년 발표한 단편소설 《동백꽃》이 그 대표적 작품일 것이다.

이 소설의 주인공 나와 점순이는 열일곱 살 동갑내기이지만 나는 그녀 집 소작농의 아들이고, 점순이는 지주의 딸이다. 점순이는 나를 의도적으로 괴롭힌다. 나의 집 수탉을 잡아다가 그녀 집 험상궂은 수탉과 싸움을 붙여 거의 죽게 만들곤 했다. 어느 날 내가 산에서 나무를 해 가지고 내려오는데, 바위틈에 노랗게 동백꽃이 피어 있었다. 그 사이에 보이는 것은 청승맞게 호드기를 불고 있는 점순이와 빈사 상태인 우리 집 수탉이었다. 나는 홧김에 작대기로 점순네 닭을 때려 죽였다. 그리고 울음을 터뜨렸다.

　　그러나 점순이가 다가와서 다짐하고 위로하며 나를 끌어안고 쓰러졌다. 한창 피어 퍼드러진 노란 동백꽃 속으로 폭 파묻혀 버렸다. 알싸한 그리고 향긋한 그 냄새에 나는 땅이 꺼지는 듯이 온 정신이 고만 아찔하였다.

　　동백꽃을 배경으로 지주의 딸과 소작인의 아들의 사랑을 토속적으로 묘사한 사실주의풍의 작품으로 유명하다. 그런데 우리는 이 작품에서 동백꽃의 색깔에 대해 주목할 필요가 있다. 강원도 삼척 출신 문학평론가 김영기(金永璂) 선생님의 《김유정 그 문학과 생애》에 보면 '노란 동백꽃'에 관한 내력을 이렇게 자세히 전해주고 있다.

　　소작농의 땅이 떨어져 나가고 집에서 쫓겨나리라고 예상했던 나를 부둥켜안고 알싸한 동백꽃 냄새에 정신을 잃어버리는 점순이와 나의 사춘기적 사랑…. 피폐한 농촌, 궁핍한 농촌에서도 생명은 솟아난다. 그 분위기를 만들어 주는 상징기호가 노란 동백꽃이며, 그 향기다. 김유정의 《동백꽃》은 색깔이 노랗다. … 우리나라 중부지방에 진달래가 필 때 함께 피어나는 노란 동백꽃을 볼 수 있다.

　　소설 《동백꽃》은 노란색과 향긋하고 알싸한 냄새가 선정적인 사랑을 표상하고 있다. 그런데 지금까지 그 노란 동백꽃이 붉고 큰 동백꽃으로 잘못 알려져 왔다.

　그 예를 들면 어떤 출판사에서 발간한 김유정의 소설 《동백꽃》의 표지 그림이 붉은 색깔의 동백꽃으로 그려져 있었던 것은 결정적 오류였다.

　소설가 이청준 선생님의 《동백꽃 누님》은 어린 시절의 아픔과 시련 등 성장과정을 동백나무에 비유하여 엮은 이야기다.

　일곱 살 어린 준영이의 가족은 다섯 식구다. 아버지, 어머니, 정례누나, 세 살배기 작은 막내 동생 그리고 준영이. 영리한 준영이는 천자문을 배우러 서당에 다니는데 그동안 막내 동생이 돌림병에 의해 저세상으로 갔고, 아버지도 열병으로 돌아가셨다.
　열여덟 살 정례누나가 혼례식을 치르기 전날, 누나는 너무 울어서 눈이 퉁퉁 부었다. 집안 어른이신 약산아저씨는 동백꽃이 주는 교훈을 어린 준영이에게 들려준다. "네 누이가 우는 것은 어른이 되느라고 그러는 거다. 떠나야 하는 마음의 아픔을 참고 견디느라고 그런다. 모진 추위와 바람 속에 아픔을 견디고 끝내 꽃잎을 아름답게 꽃피우는 동백꽃처럼."
　어느덧 3월 아버지의 49재를 겸하여 누나가 재행하는 날이 다가왔다. 준영이는 일찌감치 누나 마중을 하러 나갔다. 그리고 고갯길에 올라 붉은 꽃잎이 활짝 펴 꽃 바다를 이룬 동백꽃 숲이 누나인 양 목청껏 누나를 불렀다. "누우나! 정례 누우나아…!"

　프랑스 작가 알렉산드르 뒤마 피스는 소설 《춘희》(椿姬, 1848년)

를 발표하면서 일약 문단의 총아로 떠올랐다. 이 소설의 원제목은 '동백꽃을 단 여인'이었고, '춘희'는 주인공 마르그리트 고티에의 별명이었다.

이 작품의 앞부분(제 2장)에서 마르그리트의 신상에 관해 작가는 이렇게 서술하고 있다.

> 마르그리트는 연극 첫날이라고 하면 빠지는 일이 없었고, 늘 새로운 작품의 상연에는 반드시 모습을 보였다. 일층의 전용 관람석 앞에는 다음 세 가지 물건이 언제나 놓여 있었다. 쌍안경, 봉봉(과자) 그리고 동백꽃 다발. 한 달 중 이십오일은 흰 동백꽃이고 나머지 닷새는 붉은 동백꽃이었다. 색이 바뀌는 이유는 나와 마찬가지로 극장의 단골이나 그녀의 손님들도 그것을 알고 있었다.
>
> 마르그리트가 동백꽃 외의 꽃을 가진 모습을 누구 한 사람 본 일이 없었다. 그런 까닭에 꽃집 바르종 아주머니의 상점에서 마침내 그녀에게 '춘희'라는 별명을 붙였으며 그것이 어느 틈에 그녀의 이름이 되었다.

그리고 그녀는 아르망과 '연인약속'을 하는 부분(제 10장)에서 이렇게 얘기가 전개된다.

> 마르그리트는 내 팔에서 빠져나가, 아침에 배달된 커다란 동백꽃다발에서 가지 하나를 빼내어 단추 구멍에 꽂으면서 말했다. …"아무튼

조약은 조인된 날로부터 곧 실시하게 된다고는 말할 수 없지요.”“언제 또 만날 수 있지?” 나는 그녀를 가슴에 꼭 껴안으면서 물었다. “이 동백꽃의 빛이 바랠 때.”“빛이 바랠 때는 언제지?”“내일, 열한 시부터 자정사이에. 괜찮죠? 모두에게 비밀로 해야 해요.”“약속하겠어.”

마르그리트가 머리나 가슴에 동백꽃을 단 이유는 아름다운 장식을 위해서만은 아니었다. 오래전에 제작된 영화 〈춘희〉의 대화 속에서 궁금했던 그 동백꽃의 색깔의 의미를 알려 주었다. 5일간의 붉은 동백꽃을 단 경우는 생리(월경)기간이니 ‘괴롭히지 말라’ 또는 ‘사절’(謝絕)을 뜻하는 것이었다.

그토록 동백꽃을 사랑하고 잘 활용했던 마르그리트 고티에는 폐를 앓는 사람에게 늘 따르는 격렬한 정력을 끊임없이 발산하며, 그 붉은 동백꽃 같은 삶을 불태웠다. 그리고 스물 셋이란 꽃다운 나이에 피를 토하며 생을 마감했다.

3

일본 아오모리 현 쓰가루에 있는 동백산에는 이런 전설이 있다.

옛날 남쪽지방에서 온 한 청년이 이 산골마을에 머물고 있었는데 한

소녀와 사귀게 되었다. 서로 사랑하고 장래까지 약속했지만 청년은
이 고을을 떠나게 되었다. 이별에 앞서 소녀는 그가 다시 올 때 '동백
나무 열매를 가져오라'고 그에게 부탁했다.

　세월이 흘러 소녀는 그를 기다리다 지쳐 숨을 거두었다. 그녀가 죽
은 후 그가 찾아와 통곡하며 가져온 동백나무열매를 무덤 주변에 뿌
렸다. 그 후 이 동산 전체가 동백꽃으로 붉게 덮이게 되었는데 죽은
소녀의 넋이 한이 되어 봄이 되면 그렇게 불타는 것이라고 한다.

여수 오동도의 동백 숲에도 전설이 있다.

옛날 오동도로 귀양 온 한 쌍의 부부가 땅을 일구고 고기잡이를 하며
행복하게 살았다. 어느 날 남편이 배를 타고 고기잡이를 나간 사이에
도둑이 들었다. 도둑이 아리따운 어부아내를 범하려 하자, 그녀는 뿌
리치고 절벽 아래 창파에 몸을 던져 절개를 지켰다. 돌아온 남편은 오
동도 기슭에 그녀를 묻고 정성껏 무덤을 가꿨다. 몇 년 후 그 묘지에서
신이대(대나무 일종)와 동백나무가 솟아올랐고, 오동도에는 오동나무
대신 동백나무가 숲을 이뤄 이 꽃을 여심화(女心花)라고 불렀다.

동백꽃은 꽃잎이 벚꽃처럼 흩날리지도 않고, 장미처럼 바로 시들
지도 않는다. 마치 절개를 표상하듯 꽃송이가 통째로 떨어진다. 그
래서인지 사람들은 그 떨어지는 모습을 '여인의 눈물'에 비유한다.
　노란 동백꽃 속으로 사내를 안고 쓰러지는 점순이, 동백꽃의 아

품을 안고 시집가는 정례누나, 무엇에도 구애받지 않고 마지막으로 아낌없는 사랑을 불태운 동백아가씨 마르그리트 고티에, 그리고 전설 속에 나오는 일본소녀와 오동도 어부 아내의 혼이 붉은 동백꽃이 된 이야기 …. 이렇듯 동백꽃은 동서양을 막론하고 신비롭게도 여인들과 깊은 인연(因緣)을 맺고 있다.

그런데 나의 '동백꽃 사연'을 매듭지으려는 이 순간 한 가지 찝찝하게 느껴지는 것을 고백하지 않을 수 없다.

필자가 앞에서 설명했듯이 《호암전집》의 기록에 의거하면, 일본에서는 동백꽃을 '춘'(椿)이라고 했다고 한다. 그러므로 '춘희'(椿姬)는 '동백꽃 아가씨'란 것을 다시금 확인할 수 있다. 그 옛날 서양문물이 거의 전적으로 일본을 통해 들어오던 시절에 일본인들의 표현인 춘희(椿姬)가 그대로 우리나라에 받아들여진 것이다. 우리나라 옥편(玉篇)에 '춘'(椿) 자는 '참죽나무' 춘으로 나와 있고, 동백의 뜻이 명시된 것은 찾아 볼 수 없다. 그러므로 알렉산드르 뒤마 피스의 소설 표제 《춘희》는 일본식 표현이니, 우리식으로 《동백꽃을 단(든)여인》으로 옮겨져야 마땅하지 않을까?

사랑의 전이 (轉移)

이 글에서 '전이'(轉移) 란 사전에 여러 가지의 뜻풀이가 나와 있는데, 필자는 단순히 '자리(대상)를 옮김'이란 뜻으로 사용하고자 한다.

1

영국의 천재작가 데이비드 허버트 로렌스(David Herbert Lawrence)는 잉글랜드 중부 공업도시 노팅엄셔 주의 탄광촌 이스트우드에서 태어났다. 그의 부친은 무식한 광부였고, 모친은 독서와 시를 좋아하고 표준영어를 구사하는 종교적 분위기를 지닌 여성이었다.

　부모의 계급과 교육의 차이에서 비롯된 대립은 로렌스에게 숙명적인 영향을 미치게 되었다. 로렌스는 어린 시절부터 늘 어머니 편에 서서 아버지의 난폭함과 무지, 술주정에 강한 반발심을 나타냈다. 소년시절 섬세한 감수성을 지닌 그는 '어머니의 꿈'(자식들이 노동계급에서 벗어나는 것)을 실현하기 위한 노력에 올인 하는 가운데, 형의 죽음을 맞이한다. 깊은 애정과 정성을 쏟아 온 맏아들이 죽자, 어머니는 로렌스에게 모든 기대를 걸게 된다. 그녀에게 로렌스는 아들이자, 동시에 '연인'과 같은 존재였다.

　대학 진학 후 그는 여자 친구 제시 체임버즈의 권유와 조언 그리고 어머니로부터 생명과 따뜻함과 창작에너지를 얻어 '작가의 길'을 걷게 된다. 어머니가 세상을 떠나자, 비로소 어머니의 정신적 속박에서 벗어난 그는 프라다와 결혼하게 된다. 그 후 제1차 세계대전의 악몽 속에서도 작품을 계속 발표했으며, 종전 이듬해 영국을 벗어나 프랑스, 호주, 미국, 멕시코 등지로 방랑여행을 했다. 로렌스는 조국에 대한 불투명한 미래상 때문에 밖에서 '이상향'을 찾아 헤매던 중, 타국 프랑스 남부 니스에서 폐결핵으로 45년간의 짧은 생을 마쳤다.

로렌스의 자서전적인 소설 《아들과 연인》(*Sons and Lovers*)을 독자의 기억을 되살리기 위해 내용을 요약해 본다.

영국의 노팅엄 주 베스트우드의 탄광마을에 보틈즈 사택이 지어 졌다. 모렐 부인은 남편을 따라 이곳 보틈즈로 이사 오게 되었다. 그녀(거투루드 모렐)는 감수성이 강하고 사색적이고, 신앙심이 깊고, 솔직하고 날카로운 푸른 눈을 가지고 있었다. 그녀는 한 마디로 청교도적인 관습이 배어 있었다. 남편(월터 모렐)은 혈색이 좋고 쾌활하고 본능적이며 춤을 잘 추었다. 그는 10세부터 광부였다. 두 사람은 크리스마스 파티에서 만나 반대성격이면서도 서로에게 끌려 결혼하였다. 행복한 6개월이 지난 후, 그녀는 불안을 느끼기 시작했고 남편을 경멸하면서도 얽매어 있었다. 광부인 남편은 힘든 일에 늘 지쳐서 알코올로 나날을 위로하며 살다보니 가족에게 더욱 난폭해졌다.

어느 날 만취된 그가 주방기구가 든 서랍을 자기 부인에게 던져서 이마에 상처를 입히기도 했다. 그 후부터 이들 부부사이에는 더욱 두꺼운 인간 감정상의 '벽'이 가로 막히게 되었다.

그녀는 장남 윌리엄에게 온 정성을 기울였다. 어릴 때부터 어머니에게 깊은 존경심을 느껴온 그는 열세 살 때부터 취직하여 사회생활을 시작했고, 20세에는 런던으로 직장을 옮겨 높은 연봉을 받게 되었다. 그러나 객지에서 그는 폐렴으로 갑자기 죽고 말았다.

차남 폴은 어머니를 닮아 푸른 눈에 섬세한 감정을 지녔고, 그의 영혼은 늘 어머니를 향해 있었다. 무능하고 난폭한 아버지에 대해 적개심과 증오감을 느껴 왔고, 무의식중에 형을 질투해 왔다. 이제 모렐 부인은 폴에게 모든 애정을 쏟았다. 폴은 어머니와 함께 있을 때 평안하게 잠들 수 있고 몸과 정신이 한층 평화로울 수 있었다.

그와 어머니 사이에 다른 여성이 들어 설 틈이 없었다. 그래서 첫사랑 미리엄 그리고 연상의 여인 클라라와의 관계도 성립되지 못했다. 그는 그들과의 사랑을 원하면서도 두려워했다. 폴이 25세가 되었을 때, 어머니가 암으로 세상을 떠나자, 그는 허무와 고독 속에 빠진다. 그러나 비로소 어머니의 거상(巨像)으로부터 과감히 빠져 나온다.

위의 내용은 로렌스가 자기 자신의 성장과정을 그대로 옮겨 놓은 그 자신의 이야기다. 작품 속의 폴은 자기 자신이었고 모렐 부부는 그의 부모였고, 윌리엄은 그의 형이었으며 그의 여자 친구 미리엄은 제시 체임버즈였다. 이렇듯 성년이 되기까지의 자신의 얘기를 판박이로 묘사한 자전적인 소설은 드물 것이다. '글은 사람이다'라고 프랑스 사상가 뷔퐁이 말한 것이 무척 실감나게 느껴지는 작품이다.

3

　러시아의 작가 안톤 체홉은 대학재학 중 학비와 가족부양을 위해 글을 쓰기 시작했다. 400편 이상의 단편소설과 콩트를 발표했고, 아깝게도 44세에 폐결핵으로 세상을 떠났다. 사람들은 그를 일컬어 '조물주가 소설을 쓰게 하기 위해 이 세상에 태어나게 한 사람'이라고 했다. 특히 톨스토이도 그의 세련된 작품을 극찬했는데, 《귀여운 여인》을 읽고 '일품'이라고 감동하여 네 번이나 읽었다고 한다.

　'귀여운 여인' 올렌카는 언제나 누군가를 사랑하고 있었다. 마음씨 곱고 착하고 동정심 많은 그녀는 어릴 때 아버지를 사랑했다. 그리고 숙모를, 여학교 때는 불어 선생님을, 지금은 야외극장 지배인 쿠우킨을 사랑하기 시작한 것이다. 그의 불행이 그녀의 마음을 움직여 결혼하게 되었다. 그러나 쿠우킨은 모스크바로 극단을 부르러 갔다가 돌연 사망하였다.

　목재상 주인 프스토발로프가 올렌카를 위로하고 곧 청혼하여 결혼하였다. 6년 후 그는 감기로 넉 달간 앓다가 죽었다. 다시 외톨이가 된 그녀를 군수의관 스미르닌이 위로하였다. 그는 그녀 집 건넛방에 세 들어 살고 있었는데 행실이 나쁜 부인과 별거 중이었다. 그에게서 새로운 행복을 찾게 되자마자 그의 연대가 이동하므로 다시 그와 이별하게 되었다. 올렌카의 가슴 속은 공허하였다. … 그녀에게 필요한 것은 사랑이었다. 이성과 영혼을 독점하고 생각할 수 있는 힘과 생활의 의미를 제시해 주며, 식어가는 피를 다시금 끓어오르게 해 주는 사랑이 있어야 했다.

　어느 무더운 6월 수의관 스미르닌이 그녀의 집 문을 두드렸다. 올렌카는 너무 기뻐서 거의 기절할 뻔했다. 그런데 그는 아내와 화해하고 아내와 아들을 데리고 온 것이었다. 올렌카는 다른 데 셋방을 얻지 말고 자기 집에 와있으라고 권유하여 한 집안에 살게 되었다. 수의관의 아들 싸샤는 중학교에 입학했다. 올렌카는 싸샤를 자기 아들처럼 사랑하게 되었다. 그녀는 싸샤가 극구 사양하는데도 자기 고집대로 학교까지 바래다주고 돌아오면서 환상에 젖곤 했다. '장차 싸샤가 대학을 마치고, 의사나 기사가 되고, 결혼하여 자식을 낳겠지'하면서 ….

4

　《아들과 연인》에서 우리는 인간의 벽 앞에 선 한 여인의 '사랑의 전이'를 읽을 수 있다. 모렐부인의 사랑이 남편에게서 맏아들 윌리엄에게로 전이되었다가, 그가 죽자 다시 차남 폴에게 전이된다. 만약 모렐 부인에게 이 같은 자연스런 사랑의 전이가 없었다면, 그녀는 더 일찍이 죽음에 이르렀을 것이다.

《귀여운 여인》의 올렌카는 '사랑의 전이'의 도사다. 어릴 때 아버지와 숙모를 사랑했고, 여학교 때 불어선생님을, 그리고 성장하여 야외극장장 쿠우킨을, 목재상 주인 프스토발로프를, 군수의관 스미르닌을, 그리고 종국에는 스미르닌의 아들 싸샤를 자기 혈육처럼 사랑했다. 그녀가 누군가를 사랑할 때 사람들은 그녀를 '귀여운 여인'이라고 불렀다. 그녀가 누굴 사랑하는 동안은 볼그레한 뺨과 상냥한 미소와 함께 활기찬 생활을 보여 주었기 때문이다. 그러나 그녀가 사랑을 잃었을 때는 겨울 정원처럼 그녀의 가슴은 공허하고 무의미하고 괴로웠다. 그러므로 그녀의 되풀이 되는 '사랑의 전이'는 생기 있는 삶을 이어가는 '자연의 섭리'였다.

반면에 '사랑의 전이'가 잘 이루어지지 않는 경우도 있었다.

알퐁스 도데의 단편소설 〈아를의 여인〉*에서 장 프레데리는 20세의 준수한 청년이었다. 많은 젊은 여자들의 눈길을 끌었지만, 그는 오직 '아를의 여인'만을 결사적으로 사랑했다. 그런데 어느 날 목장지기 미티포가 장의 집에 찾아와 그 여자는 '자기 여인'이라고 주장했다. 벌

---

* 〈아를의 여인〉: 1892년 도데는 이 소설을 희곡으로 각색. 후에 오페라 작곡가 비제(Bizet)에 의해 악곡이 붙여짐. 모음곡(27곡) 중 제2모음곡 미뉴에트는 플루트와 하프 반주가 융합된 아름다운 걸작임.

써 2년간 교제했고 결혼 약속까지 했으니, 남의 아내가 되게 할 수 없다고 말했다.

　장은 그 여인을 잊으려고 애썼다. 성 엘루아(지주들의 수호신)의 축제날, 파랑돌 춤에 열중하기도 했으나, 그는 '아를의 여인'을 잊을 수가 없었다. 그 다음 날 새벽 갈등 속에 그는 옥상 창문에서 정원으로 몸을 던져 죽음을 택했다.

　물론 이성간의 사랑은 부모의 자녀사랑과 같지는 않겠지만, '사랑의 전이'가 잘 이뤄졌다면 죽음에 도달하지 않았을 것이다. 자녀에 대한 '내리사랑' 또는 '대리사랑'처럼 이성간의 사랑도 특정인에게서 다른 대상 즉 다른 사람이나 사물로 옮겨 갈 가능성도 있는 것이 아닐까?

　《젊은 베르테르의 슬픔》에서 베르테르의 권총자살도 마찬가지다. 기혼녀(유부녀) 로테를 사랑하다 번민 끝에 죽음을 택한 베르테르…. 그 마지막 구절에 보면, '…노법관과 아이들이 영구를 따라 갔지만, 성직자는 한 사람도 그를 동행하지 않았다'고 되어 있다. 이 구절은 베르테르의 바람직하지 않은 죽음을 시사해 준다. 종교적 입장에서 볼 때, '자살은 자기 생명의 존엄성을 해치는 가장 큰 잘못이며, 하느님의 뜻을 거역하는 행위다.' 그러므로 교회에서는 확실하게 자살한 자를 위한 공식예절 즉 위령미사나 사도예절 등을 금하고 있다.

　　인간의 이기적이고 옹졸한 사고를 벗어나 자연의 섭리대로 덤덤히 '사랑의 전이'가 있었으면 그들, 장과 베르테르의 자살도 예방되었을 것이다.　그런 의미에서 로렌스의 《아들과 연인》은 생명력 있는 걸작이라고 생각된다.　모렐 부인의 '사랑의 전이'는 오히려 다행스럽고 지혜로운 삶의 한 방편이 아니었을까? 그리고 《귀여운 여인》의 올렌카도 운명처럼 '사랑의 전이'에 따르며 그 순간마다 자신의 삶의 의미를 부여하고 있다.　올렌카는 진정 '귀여운 여인'이다.

제 2 부

불평등에의 공감(共感)

아무리 천한 사람도 자신이 하고 싶은 일을 할 권리가 있다.
A cat may have a look at a king.

영국속담

색깔에 대한 편견

　나는 평소 책을 읽으면서 경이로운 간접체험을 하는 것을 큰 기쁨으로 삼고 있다. 어떤 때는 새벽이 오는 줄도 모르고 독서를 하고 중요한 부분에 밑줄 긋고, 맘에 드는 문구는 대학 노트에 기록해 둔다. 그렇게 독서하므로 내 삶의 좁은 폭과 지식을 넓히고 포용하는 마음을 배우게 된다. 나로 하여금 밤새워 독서를 하게 하여 내 무지(無知)의 일부분을 채워 준 책 중의 한 권을 소개하고자 한다.

1

프랑스 문장학(紋章學)의 대가 미셸 파스투로가 쓴 《블루(*Blue*),
색의 역사》는 표지와 내용 등이 처음부터 끝부분까지 내 맘에 들고
정말 아끼고 싶은 책이다. 감색 바탕의 표지(表紙)에 코발트 블루
로 표제(標題)를 쓰고 지은이는 흰색으로 쓰여 있어서 첫 인상부터
환상적이고 신비스럽게 느껴진다. 이 책에는 청색의 다사다난한
역사가 천연색 그림과 함께 홍미진진하게 펼쳐져 있다.

고대인(신석기시대)들에게 청색은 별로 중요하지 않게 여겨졌다. 로
마인(인류기원에서 12세기 이전까지)들에게 청색은 미개인들의 색으
로 불쾌하고 대수롭지 않은 색으로 무관심한 대상이었다. 그들은 빨
간색을 좋아했다. 그런데 2세기부터 청색조가 모든 분야에서 점진적
으로 늘어나고 가치가 절상 되었다. 15~17세기에 청색은 '하늘과 영
혼'을 상징하는 색으로서 '왕의 색', '성모 마리아의 색', '도덕적인 색'
이 되었다.

1770년 전후 독일에서 청색이 유행하고 있었으므로 괴테는 자신의
주인공에게 청색 옷을 입혔다. … 괴테와 청색의 관계는 단지 《젊은
베르테르의 슬픔》에만 한정되지 않는다. 청색은 괴테가 젊었을 때 쓴
시에 자주 등장할 뿐 아니라 그의 색상이론에서 중심을 이룬다. 즉
그의 《색채론》에서 파란 색은 긍정적인 극점(極點)이라고 했다. 베

르테르의 연미복의 청색은 엷은 청색 또는 회청색으로 우수와 고뇌를 나타내는 색으로 남게 되고, 현재까지 blues의 리듬 속에서 그 역할을 계속하고 있다.

1780년대부터 다른 작가나 시인들도 '청색'을 미덕으로 삼고 숭배하다시피 했다. 그 한 예로 독일 낭만주의 작가 노발리스는 그의 작품 《파란 꽃》에서 꽃은 순수한 시와 이상적인 세계를 상징했고, 그 색깔인 청색은 사랑과 우수와 꿈의 색이 되었다. 그래서 공상적인 이야기나 요정 이야기를 '파란색 이야기'라고 불렀고, 희귀하고 도달할 수 없는 이상적인 존재를 '파랑새'라고 표현했다.

19세기 후반 프랑스에서는 감색이 검은 색을 대신하게 되어 남성복과 제복이 감색으로 변했다. 20세기에는 프랑스뿐 아니라 온 유럽 일반인까지 감색 옷이 유행하게 되었다. 또한 천재이며 청색화가 피카소는 회화·데생·조각에 청색 조를 정기적으로 사용했고, 푸른색으로 물들인 종이에 편지나 시를 즐겨 썼다.

청색은 그 종류도 엄청나게 많은데 이 책에 언급된 색을 다음과 같이 요약 발췌해 본다.

감색(紺色)　　　　검은 빛을 띤 짙은 남빛.
남색(藍色)　　　　파랑과 보라의 중간색, 쪽빛.
코발트색　　　　　하늘빛과 같은 맑은 남빛.
군청색(群靑色)　군청(광물성 물감)과 같은 선명하고 짙은 남빛.

프러시안 블루　　청색과 녹색계통을 합성한 인조 색상으로 베를린에
　　　　　　　　서 개발 '베를린 블루'라고도 함.
인디고 블루　　　진한 청색. 진의 염색에 사용된 색(인디고-인도의
　　　　　　　　특산 식물, 고대부터 쓰여 온 청색 염료).
골루아즈 청색　　엷은 보라색 색조를 띤 청색, 그리고 회색 색조를
　　　　　　　　띤 청색(골루아즈-프랑스에서 제조한 담뱃갑. 그것
　　　　　　　　의 엷은 청색에서 유래함).
지평선 청색　　　약간 물 빠진 듯한 청회색(프랑스 군인의 바지색).

또한 파랑은 충격이나 상처를 주는 색이 아니며 반항하는 색도
아니다. 절반 이상의 일반인들이 선호하는 색이며 비폭력적이고
위반적이지 않은 상징적인 색이다. 조용하고 평화적이며 아득한 느
낌과 함께 중립적인 색이다. 그러므로 유엔 깃발의 파란색은 평화와 중
립을 상징해 준다고 한다.

현재 'blue'라는 단어 자체가 환상적·매력적·안정적인 말로서
이 단어의 울림은 부드럽고 기분 좋으며 흐르는 듯한 느낌을 주며,
의미상으로도 하늘, 바다, 휴식, 사랑, 여행, 바캉스, 무한함 등
을 나타내 준다고 한다.

나 또한 청색을 좋아한다. 이 책을 읽기 전부터였다. 특별한 이
유도 없이 그냥 깔끔한 인상을 주는 색이라고 생각되었기 때문이
다. 자주 변하는 패션에는 민감한 편이지만 색깔은 변함없이 줄곧

청색을 선호하고 있다.

색상(色相)의 종류가 수십만 가지 이상이 된다고 한다. 그 중 청색은 일반인들이 가장 선호하는 색이며 그 종류도 꽤 많다는 것을 독자도 이미 알고 있을 것이다.

그런데 우리 주변의 일상 생활용품들의 색깔은 너무나도 단순하다. 옷, 구두, 핸드백, 모자, 장갑 등을 사러 매장에 나가면 크게 실망을 한다. 그 물건들의 종류도 많지 않고 색깔도 많지 않다. 그리고 왜 남자용, 여자용 분리해 놓고 색깔도 남자 것, 여자 것 다르게 만들어 진열해 놓는지 정말 모르겠다.

갓난아기도 태어날 때부터 옷 색깔을 구분해서 입도록 옷을 생산한다. 사람들도 으레 남자 아기면 청색 옷을, 여자 아기면 분홍색 옷을 사다가 입힌다. 또 신문 전면 광고로 크게 내는 등산복, 등산화, 배낭 그리고 모자의 광고들을 보라. 남자용은 검정, 남색, 회색, 밤색 등이고 여자용은 빨강, 분홍, 자주색 등으로 갈라놓는다. 나는 빨간색 등산화를 좋아하지 않고 청색 등산화를 신고 싶은데, 여자용에는 청색이 없으니 남자용 청색을 고르면 사이즈가 맞지 않는다. 이런 것이 문제고 모순이다.

한번은 '코발트 블루' 재킷을 사기위해 여러 쇼핑몰을 헤매고 다녔으나 없어서 '인디고 블루' 재킷으로 대신한 적이 있다. '꿩 대신 닭'을 선택 하여 별로 흡족하지는 않았다. 물론 맘에 꼭 드는 색의 기성복이나 구두가 없으면 맞춤으로 해결할 수 있는데, 그러자면 많은 시간과 인내심이 필요하다. 거인 체격이면 그런 편이 좋겠지만 표준치수인 경우는 기성복 쪽이 편리하니까.

디지털 유니섹스(*unisex*) 시대에 이렇듯 다양한 색채의 옷이나 물품을 개발하지 않고 색채를 여자색, 남자색으로 갈라놓아서 고객들을 불편하고 불만족스럽게 만드는 것은 얼마나 우스꽝스런 일인가? 또한 이것은 양성불평등 사례로 지적당해 마땅하다.

남자들의 변신도 무죄

일본의 건축 애호가 하세가와 다카시는 그의 저서 《생물의 건축학》에서 정사조(庭師鳥)를 뛰어난 실내장식 디자이너로 묘사하고 있다.

정사조가 집을 짓고 장식을 하는 것은 모두 수컷들인데 자신이 만든 방에 암컷을 끌어 들여 성행위를 하려는 목적에서다. 정사조의 수컷은 수천 개의 나뭇가지를 수집하여 규모도 큰 '사랑의 둥지'(러브 룸)를 짓는다. 그 바닥에는 나뭇잎을 뒤집어 깔고, 그 방 속에는 암컷에게 줄 선물로 푸른 돌, 나무열매, 다육과(多肉果) 등을 준비한다.

암컷은 나뭇가지에 앉아 수컷의 노작 광경을 관찰한다. 맘에 들면 그 러브 룸에 들어가고 아니면 다른 곳으로 이동한다. 집을 다 지은 수컷은 암컷을 향해 자신의 방 앞에서 깃털을 입에 물고 고개를 아래

위로 흔들어 구애 신호를 보낸다. 암컷은 밖에서부터 으쓱거리며 등
장하고 수컷은 애태우며 참을성 있게 구애를 하는 것이다. 암컷이 방
에 들어선 후 수컷은 꽃을 입에 물고 암컷의 앞을 왔다갔다하며 춤을
춘 다음 암컷의 뒤로 가서 교미를 시작한다.

이러한 '정사조' 이야기를 읽으면서 내 머릿속엔 '미래의 남자들'
의 모습이 오버랩(*overlap*) 되고 있었다. 요즘처럼 저 출산 추세에
모두들 아들만 낳고 단산하는 의식이 팽배하므로 성비 불균형 상태
를 초래한다. 그러니 미래의 남자들의 모습은 꼭 정사조와 흡사한 것
이 되리라.

결혼을 위해 수많은 남성들이 여성에게 비위를 맞추며 대시해도
여성은 더욱 도도해져서 아무리 '백마 탄 왕자'라도 차버릴 수 있는
것이다. 꽃을 든 남자가 무릎을 꿇고 애걸한다 해도…. 또 한 여
자가 두 남자 아니 그 이상의 남자와 결혼하여 살게 될지도 모른
다. 즉 일처다부(一妻多夫)가 성행 할지도 모르는 일이다. 남자가 남
아도니까.

과거의 남자들. 사실 그들에겐 버려야 할 유산(遺産)이 많았다.
몇 십 년 전까지도 선진국이건 개발도상국이건 여자(아내)는 남자
(남편)의 종이며 노예에 불과했다. 대부분 가정에서 궂은일이나 가
사는 여자들만의 것인 양 혹사시키고 모든 권리와 경제는 남자들의

손에 쥐어 있었다. 그러므로 가부장적인 의식이 강했고 자기(남편)만 위해 줘야 하는 '만성 왕자병'인 '외아들 근성'을 지니고 있었다. 가족들은 궁핍에 시달리고 있는데도 손끝하나 까딱 안하고 위세와 권위를 부리느라 목에 힘주던 허풍쟁이 양반 남편들….

미국의 트렌드 분석가 매리언 살츠먼(외 2인 공저)은 《남자의 미래》에서 급격히 변해가는 남자들의 모습을 이렇게 담아내고 있다.

…과거에 힘과 허세를 부리는 남자들의 시대는 가고, 이제 남자도 관능미와 섬세함을 갖춰야 하는 시대가 도래했다. 영국의 축구선수 베컴도 축구를 잘하는 것뿐 아니라 머리모양과 패션, 몸치장에 관심을 갖는데서 더욱 최고의 스타가 되었다. '꽃미남'(여성적인 남자)을 여성들이 환호한다.

더 큰 변화는 '여성성'이 경제 가치를 창출한다. 경제적으로 자립하는 여성이 늘어나면서 '짝짓기' 게임에서조차 여자가 우위를 점거했다. 여자들은 연하의 남자를 선택하고 결혼보다 쿨한 동거를 원한다. 섹스는 필수, 결혼은 선택 즉 남성이 필수적 존재에서 선택적 존재로 바뀐 것이다.

이미 남자들은 재빠르게 변화의 물결에 동참하고 있다. 남자들은 여자를 유혹하기 위해 외모와 몸치장에 신경 쓰고, 자신의 감정표현을 잘하려고 애쓴다. 새로운 남성상(이상형)을 제시한다면 그는 힘·명예·인격 등 최고의 남성 특징을 가지면서도 애정 어린 자녀 양육·소통성·협력 등을 두루 갖춘 남성인 것이다.

그리고 "남성이 싸워야 할 상대는 여성도, 남성도, 시대도 아니고, 다만 '남성이 최고다'라는 고정 관념이다. 그 고정관념과 맞서 싸울 때 '남자의 미래'는 존재한다. … 앞으로 재규정되는 평등은 직업상의 성공에 국한된 것이 아니라 가족, 우정 그리고 인생의 균형을 통합하는 보다 넓은 의미의 성공이어야 한다"는 믿음에 나도 동의한다.

언제까지 '남자 덕', '여자 탓' 갈라서 따지면서 논쟁만 할 것인가? 이제 남성들도 자기만을 위하는 '이기주의의 탈'을 벗고 그 동안 인식되어 온 고정관념이나 선입견을 떠나 과감히 자신들의 '변신'을 위해 발 빠르게 움직여야 한다.

물론 사회의 요구가 크고 그 변화의 물결이 '질풍노도'(疾風怒濤)처럼 밀어닥쳐 치열한 삶을 사느라고 피곤하겠지만 ….

생물학적으로 양성은 인체의 구조나 힘의 강도가 다르다. 그러나 "인간의 정신에는 성별이 없다"(*The mind has no sex*, 론다 쉬빈저)고 한다.

'진정한 평등'이란 양성이 상부상조(相扶相助) 하여 서로의 다름을 상호보완(相互補完) 해 나가는 아름답고 지혜로운 모습을 보일 때 이루어진다고 생각한다. 인간 자체가 원래 불완전한 존재이니까.

솔직함의 함정

1

영문학자 조용만은 영미작가론에서 토마스 하디의 《더어버빌가의 테스》에 관해 이렇게 해설해 준다.

이 소설이 하디의 명성을 세계적으로 만든 원인은 톨스토이의 《부활》과 같이 순결한 처녀가 포악한 사내에게 난행당하는 단순한 에로틱한 점에만 있는 것이 아니었다. 그들이 강조한 사상이 사람들을 크게 감동시킨 때문이었다. 무지한 한 소녀가 정조를 잃었을 때, 그녀를 영구히 '버려진 여자'로 생각하는 완고한 정조관이 얼마나 여자의 생애에 무서운 영향을 미치느냐 하는 문제를 하디는 진지하게 파헤친 것이었다.

그러한 사회 관습(운명)에 굴복해 온 테스는 마침내 살인을 하기에 이른다. 이 관습에 희생된 테스에 대해 하디는 옹호하며 뜨거운 동정심을 표현했고, 독자들도 그녀의 운명에 깊은 동정을 표해 온 것이다.

학창시절 누구나 한 번 이상 우리가 읽었던 토마스 하디의 《테스》에 관해 독자의 기억을 되살리고자 몇 가지 짚고 넘어 갈 장면을 추려 본다. 작가는 테스가 바람둥이 알렉에게 유린당하는 장면을 이렇게 묘사하고 있다.

어둠과 정적이 사방에 깃들어 있었다. 머리 위엔 체이즈 숲 속에서 나무들이 솟아 있었고, 그 나뭇가지엔 새들이 단꿈을 꾸고 있었다. … 테스의 속눈썹에는 눈물이 고여 있었다. 이 순간 테스의 몸을 고이 지켜 줄 수호신은 어디 있으며, 하느님은 또 어디 있느냐고 묻는 이가 있을 지도 모른다.

　… 비단결처럼 예민하고 눈처럼 순결한 이 어여쁜 처녀의 몸에 찍게 마련인 그 추잡한 무늬를 구태여 찍혀야 할 팔자라니 …. 어째서 이렇게 추잡한 녀석이 아름다운 여인을 차지하고, 악한 남자가 착한 여자를 자기 소유로 하는 것인가?

이런 일이 있은 후에도 알렉은 결혼에 대해서 한마디도 말한 적이 없었다. 테스의 부모는 결혼을 원했지만 테스는 그와 결혼할 생각은 조금도 없었다. 그녀의 어머니가 실망하여 말했다. "그의 아내가 될 마음이 없었다면 몸가짐을 조심했어야 하지 않았니?” 테스가 괴로워하며 부르짖었다. “제가 그런 걸 알 턱이 있어요? 가출했을 때 전 철부지 어린애였어요. 세상 사내들이 늑대라는 것을 왜 안 가르쳐 주셨어요? 양반집 딸들은 소설이라도 읽어서 사내들의 흉계를 짐작하니까 자기 몸을 지킬 줄 알았지만, 전 그럴 기회도 없었지 않아요?”

임신한 테스는 동생들 침실을 피난처로 삼고 그 비좁은 방에 틀어 박혀 있었으며 산책도 밤에만 했다. 테스가 어떻게 아기를 낳았는지는 작품에 언급되어 있지 않다. 다만 밭에서 일하다가 점심때가 되자, 아기에게 젖먹이는 대목이 있었다. 그리고 아기가 갑자기 앓게 되어 사경에 이를 때, 테스는 불안과 공포에 떨었다. ‘아기가 세례도 못 받고, 사생아라는 이중의 죄로 지옥의 밑바닥에 처박히는 모습’을 상상했다. …

테스는 고민 끝에 엄숙한 자세로 침상에서 ‘아이가 낳은 아기’를 쳐들고 동생의 도움으로, 자기 자신이 세례를 주었다. 목사가 할 일이지만 너무도 급박하므로. 그 어린 것이 아기를 위해 그런 일을 하다니 …. 인상적이고 소름끼치는 일이었다. 아기가 죽고 장례를 치른 후, 테스는 ‘순박한 처녀’에서 ‘복잡한 여인’으로 변모했다.

고향을 떠나 한 낙농장에서 재생의 길을 걷고 있었다. 이곳에서 테스는 엔젤 클래어와 만나 사랑에 빠진다. 그의 끈질긴 청혼에 망

설이던 테스는 동의하게 되었다. 그리고 '정직해 지고 싶다'는 양심
적인 소망에서 결혼식 며칠 전에 엔젤에게 자기 과거에 관한 편지
를 써서 그의 방에 넣었으나 융단 밑에 깔려 그가 못 받게 되었다.

　결혼 첫날밤, 엔젤이 먼저 자기의 방탕했던 젊은 날의 일을 고
백하자, 테스는 선선히 그것을 용서해 준다. 그리곤 자기와 알렉
과의 과거 얘기를 하며 용서를 빈다. 그러나 엔젤은 뜻밖에도 냉
정해진다.

　　오, 테스, 용서한다는 것은 이런 경우엔 통하지 않는 말이오! 그 전
　　의 당신과 지금의 당신은 딴 사람이오. 아, 그런 해괴한 요술에 어떻
　　게 용서한다는 것이 가능하겠소. … 내가 사랑한 여자는 당신의 허울
　　을 쓴 다른 여자요.

　이로써 알렉에게 버림받았던 순결한 여인 테스는 이제 옹졸한 엔
젤에게도 버림받게 되었다.
　《테스》는 우리가 중고등학교 시절부터 읽어서 널리 알려진 소설
이다. 특히 여학교에서는 순결교육 즉 '정조'에 관해 경종을 울리는
작품으로 '여자들의 정조 지키기'가 강조되어 왔다. 작가가 《테
스》의 부제를 '순결한 여인'이라고 첨부한 데 대한 논란도 끊이지
않았다. 그 부제는 인간의 '정신적 순결'을 숭고하게 표현하고 싶은
의도에서였다고 생각된다.

이제 디지털 유니섹스 시대에, 다시 한 번 이 작품을 읽으면서 감회가 새로웠다. 하디는 이미 117년 전에 육체적 순결보다 정신적 순결을 강도 높게 시사해 주었다.

그뿐 아니라 가정이나 학교에서 어른들이 조기성교육을 청소년소녀들에게 해 줄 필요성을 더욱 느끼게 해 준다. 테스는 어머니에게 이렇게 절규했다. "… 세상 사내들이 늑대라는 것을 왜 안 가르쳐 주셨어요? 왜 조심하라고 안 했어요? … 양반집 딸들은 소설을 읽어서 알았겠지만, 전 그럴 기회가 없었지 않아요?"

'정조'(貞操) 란 '여자의 바르고 굳은 절개', '순결'(純潔) 이란 '이성과의 육체적 관계가 없이 몸이 깨끗함'이라고 사전에 풀이되어 있다. 그러나 정조나 순결을 어느 한 쪽 성(여자)에게만 한정시키는 것은 양성 평등에 어긋난다. 순결교육은 그 대상이 남녀노소를 막론하고 이루어져야 한다.

또한 테스는 진정 솔직하고 용기 있는 여인이었다. '솔직하다는 것'은 사람들 생각에 어리석을지 몰라도, 자신의 몸과 마음을 편하고 떳떳하게 만들어 준다. 그 결과가 어떻게 될지, 즉 최악의 상황, 불행이나 죽음에 이르는 것일지라도 '솔직한 고백'을 한다는 것은 진정 용기 있는 행위다. 그래서 테스가 그 '솔직함의 함정'에 빠졌지만 예나 지금이나 독자로 하여금 연민의 정을 울어나게 해준 것은 바로 그 가냘픈 여인의 '의연한 용기' 때문이었다.

2

또 하나의 '솔직함의 극치'를 보여준 용기 있는 여인을 소개해 주고 싶다. 우리나라에서 2003년 출간된 조이스 메이나드의 자서전 《호밀밭 파수꾼을 떠나며》에 관한 얘기를 해보자. 조이스 메이나드는 미국의 현존 대표 여류작가다. 이 자서전의 줄거리를 요약하면 이렇다.

> 조이스는 18세에 '뉴욕 타임스 매거진'에 에세이, 〈18살의 자서전〉을 써서 발표한다. 전국에서 온 팬레터 중 J. D. 샐린저(《호밀밭의 파수꾼》의 저자)가 보낸 편지도 있었다. 샐린저는 현재까지 젊은이의 우상, 미국 문학계의 거장이다. 열렬한 그의 찬사에 조이스는 감동, 두 사람은 편지 교환 끝에 만나고 사랑에 빠진다. 그때 조이스는 18세, 샐린저는 53세였다.
>
> 조이스는 다니던 예일 대학을 팽개치고 그의 집으로 가서 동거 생활을 일 년간 하게 된다. 그 후 그를 사랑하는 조이스 메이나드를 내쫓아 버렸다. 조이스는 좌절하지 않고 운명을 감수하며 분발했다. 신문기자로 일하면서 결혼, 이혼하고 현재 세 자녀와 함께 북 캘리포니아에서 집필활동중이다.

두 사람이 서신 교환 후 만나서 열렬히 사랑을 나누던 장면들을 발췌해 본다.

그는 나를 사랑하기 전부터 내 작품을 사랑했고, 내 인생 자체를 사랑
한다고 했다. … 제리는 5시간이나 운전해서 나를 데리러 왔다. 그가
건물 앞에 차를 댔을 때, 나는 달려가 그의 팔에 안겼다. 그는 내 머
리를 쓰다듬으며 속삭였다. "정말 기다린다는 건 영원과도 같아."

… 나는 대부분의 18세 소녀보다 여물지 못했다. 바비 인형을 갖고
놀지 않게 된 것이 불과 2, 3년 전이었으니까. … 제리의 침실에서 그
는 사랑한다고 말했다. 나도 같은 대답을 했다. 나는 종교를 체험 하
듯 구원 받고, 해방되고 계시를 받은 것이다. 나는 지금까지 남자의
나체를 본 적이 없었다. 그는 나를 감싸고 침대에 누웠다. 그의 몸이
나를 덮으며 내 다리를 벌렸다. 그러나 섹스를 시도했을 때, 나의 질
의 근육이 닫혀서 벌어지려고 하지를 않았다. 그래서 행위는 중단되
었다. 나는 울고 있었다.

성기가 아파서 뿐 아니라 폭발할 듯한 두통 때문이었다. … 다음 날
우리가 다시 시도하자 똑같은 일이 발생했다. 그 다음 날도…. 그는
나의 정신을 사랑한다고 되풀이 말했다. 나도 그의 정신까지 사랑하
고 있었다.

… 제리가 바다를 보면서 다시 말했다. "난 더 이상 아이를 가질 수
없어. 그런 건 이제 끝났어. 너는 이제 집으로 돌아가는 게 좋겠어.
네 짐을 내 집에서 옮겨 줘."

나는 이 책을 읽으면서 가공(可恐)하여 소름끼칠 만한 그녀의 솔
직성에 밤을 새웠다. 샐린저와의 육체적 첫 경험에서 마음은 열렸

으나 자기 몸(질)이 열리지 않아 관계를 못한 점(그와 이별 후 다른 남성과는 이루어짐)이라든가, 자신이 아기 낳을 때 절박했던 상황묘사, 샐린저 이외의 남자관계, 3천 달러를 들여서 성형수술 받은 것, 샐린저와의 편지를 만천하에 공개한 것 등등….

어머니에게도 말 못했던 아주 사소한 일도 숨기지 않고 작품을 통해 드러내 보여 주었다. 그 이유는 '더 이상 부끄러워하지 않았으면 하는 바람'에서라고 밝혔다.

결국 더어버빌가의 '테스'는 알렉에게 육체적 정조(순결)를 제공하였고 (본의는 아니라도), 엔젤에게는 정신적 정조를 제공하였다. 그녀는 솔직하므로 죽음 앞에서도 당당하고 자유로웠다.

치열한 삶을 사는 이 시대의 조이스 메이나드는 샐린저에게 정신적 그리고 육체적 정조(순결)를 즉 몸과 마음을 다 바쳐 그를 존경하고 사랑하였다. 그녀는 감수성이 섬세한 작가로서 자신의 비밀을 만천하에 적나라하게 공표한 '이 세상에서 가장 솔직한 여자'라고 생각된다.

제리 샐린저. 뉴 햄프셔 주 코니쉬 언덕에 은거해 있는 제리 샐린저. 조이스 메이나드의 신이며 종교 그리고 첫사랑. 온 세계 젊은이의 우상이며, 전설적 존재…. 그는 연극의 각본처럼 다듬어진 대사로 조이스에게 속삭였듯이 다른 여러 문학소녀들을 사로잡고 울리고 내버렸다. 그는 숨어 있어 알려지지 않은 현대의 바람둥이라는 생각과 함께 개운치 않은 마음의 응어리가 아직도 맺혀 있다. 도대

체 남자들의 정조나 순결 그리고 정직성은 모두 어디로 가서 잠자고 있
는 것일까?

영문 모르고 맞은 매

1

　미국의 작가 마크 트웨인은 미주리 주 개척촌에서 태어나 성장하였다. 12세에 아버지를 여읜 후 교육을 받지 못했으나 견습인쇄공, 잡지사 기자, 파일럿, 남군장교 등등 다양한 직업을 토대로 폭이 넓은 삶을 체험하였다. 특히 문명에 오염되지 않은 남서부의 대자연 속에서 모험을 좋아하는 소년으로 자란 그는 미시시피 강의 증기선 선장이 되어 여러 인간을 관찰하였다.

　그의 작품의 주인공들은 자신의 소년시절을 그대로 반영한 것이다. 그들은 형식과 제도를 탈피해 강(江)과 산(山)을 배회하는 자연인들이었다. 그의 작품의 특징은 두 가지로 요약된다. 그것은 지방색 넘치는 프론티어 마인드(*frontier mind*)와 세계적인 유머(*humor*)

다. 프론티어스멘(*frontiersmen*)은 온갖 고초를 극복하고 미지 또는 이상의 세계를 찾아 대자연 속에서 탐험과 모험을 즐기며 자유로운 생활을 추구했다. 그의 작품은 미국 문학의 진수(眞髓)를 보여준다. 그리고 현대 미국인들은 미국적인 옛 모습이 그리워 '마크 트웨인의 작품'을 통해 향수에 잠겨 미국적인 정신과 낙관성을 만끽한다.

그래서인지 얼마 전(2006년 11월) 미국 워싱턴에서 발간되는 잡지 〈애틀랜틱 먼슬리〉는 미국 역사에 영향을 끼친 100인을 선정하여 특집기사를 냈다. 그 1위가 링컨 전 대통령이었고, 2위는 초대 대통령 조지 워싱턴…. 그리고 헤밍웨이(85위)를 제치고 마크 트웨인이 16위로 꼽혔다. 그는 아직도 가장 미국적인 작가로 높이 평가받고 존경받아 오고 있는 것이다. 그의 작품 속의 톰(토마스 소여), 헉(허클베리 핀) 그리고 조(조셉 하퍼) 세 소년의 용감한 모험은 미국 국민의 특성을 대변해 주는 것이기 때문이리라.

이렇듯 현재까지 미국 국민들의 추앙을 받아오고 있는 마크 트웨인의 《톰 소여의 모험》은 남녀노소 누가 읽어도 재미있고 웃음을 자아내게 한다. 소설은 물론 영화(노만 타로그 감독)는 더 인상적이고 실감이 난다. 독자들도 눈여겨봤겠지만 《톰 소여의 모험》에는 톰이 매 맞는 것이 다반사로 나온다.

톰이 아침 식사시간에 안 나타나자 폴리 이모(aunt Polly)는 그의 방으로 가서 그의 귀를 잡아끌고, 머리를 쥐어박고, 궁둥이를 장작으로 팬다. 또 어느 날은 톰이 주방에서 잼을 먹다 들켜 이모를 화나게 만든다. 더구나 톰의 젖은 머리를 보고 학교 가서 공부 안하고 강에 가 놀다온 것을 알게 된다. 톰은 매를 맞으며 "아야, 아야(Ouch, ouch)!" 하고 비명을 질렀으나 속으로 웃는다. 매 맞는 것에 면역이 생겼는지 하나도 안 아팠기 때문이다. 폴리 이모도 이를 알아차리고 벌을 추가한다. "내일 중으로 울타리를 전부 페인트칠을 해야 한다."

다음 날은 토요일인데 톰은 강에 가서 고기를 잡고 싶었으나 페인트칠을 해야 했다. 친구 벤(Ben)이 와서 그 광경을 보고 있었다. 그 친구가 이상하게 생각하자 톰은 말한다. "이것은 일이 아니고 재미있고도 매우 어려운 거야. 너는 나만큼 잘 못 할 거야." 벤은 톰에게 사과를 주며 자기가 그 일을 해보고 싶다고 애원하였다. 톰은 브러시를 친구에게 넘겨주고 나무 밑에 앉아 사과를 먹고 있었다. 동네 친구들이 몇 명 더 몰려와서 저마다 그 일을 하게 해 달라고 간청했다. 그 대가로 오렌지, 칼, 장난감 배(boat), 동전 그리고 문고리 등을 받았다. 결국 울타리는 여러 소년들에 의해 모두 훌륭하게 칠해졌다.

톰은 학교에서도 매를 맞았다. 새로 전학 온 여학생 베키에게 톰은 관심을 갖기 시작한다. 어느 날 교실에서 수업도중 베키가 자기 석판에 선생님(Mr. Dobbins)을 보기 흉하게 그렸다. (원작에는 선생님의 해부학 책의 삽화를 찢어버린 사건으로 나옴) 그런데 그 그림이 마룻바닥에 떨어진 것을 선생님이 보고 화를 내며 누가 그렸느냐고 주인을 찾았다. 베키의 난처한 표정이 공포로 변해 있을 때 톰이 나서서 자기가 그렸다고 말했다. 그래서 톰은 선생님의 분노의 매를 맞았다.

굵은 회초리로 여덟 대나 볼기를 대신 맞은 것이었다. 비명도 안 지르고 사내답게 참았다. 톰이 자리로 돌아왔을 때, 베키는 석판에 글씨를 써서 위로와 감사를 표현했다. "어쩌면 그렇게도 멋지냐?"(*How could you be so noble?*) 톰은 기분이 매우 흐뭇했다.

이 작품에서 톰이 매를 맞은 이유는 확실하게 드러나 있다. 톰 자신도 잘못을 인정하고 마땅히 벌을 받았다. 그 후에 그의 잘못된 행동이 얼마나 바람직한 방향으로 올바르게 수정(修正)되었는지는 미지수이지만…. 확실한 것은 '톰은 장난꾸러기였으나 악의는 없는 착한 아이'였다.

《톰 소여의 모험》은 단순히 아이들만의 얘기가 아니다. 어른들의 비리(非理)가 곳곳에 드러나 있고 불의에 항거하는 소년들의 용기 그리고 동굴에서 길을 잃었을 때 이성을 잃지 않고 침착하고 현명하게 대처하는 모습은 어른을 능가하는 것이었다. 비록 매일 매 맞고 구박받는 말썽꾸러기로 성장해 왔지만….

2

그런데 아이들은 영문도 모르고 어른들에게 매를 맞는 경우도 허다하다.

다섯 살 난 꼬마 제제는 종이 공을 만드느라고 저녁 식사에 늦었다. 큰 누나 잔디라가 그 종이 공을 갈기갈기 찢어 버렸다. 제제는 반항심이 나서 큰 누나에게 "뚱뚱한 바보!"라고 욕을 했다. 누나는 가죽 장갑으로 제제를 쉬지 않고 때렸다. 가슴, 얼굴, 눈, 코, 입…. 글로리아 누나가 달려와 제제를 구해 주었다. 글로리아 누나는 피 묻은 상처를 닦아 주고 위로해 주었다. 이틀간 학교도 못나갔다.

그리고 그날 밤 제제는 일자리도 없어 외출 않고 집에 계신 아버지를 위해 뭔가 해드리고 싶었다. "맞아, 노래를 불러 드려야지." 제제는 최근 아리오발도 아저씨에게 배운 노래가 떠올랐다. 참으로 아름다운 탱고 곡이었다. 제제는 그 노래를 부르기 시작했다.

"나는 발가벗은 여자가 좋다네.
발가벗은 여자가 좋다네.
밝은 달빛 아래서
발가벗은 여자가 좋다네…."

느닷없이 아버지가 제제의 뺨을 때렸다. "어디 또 불러봐라." "나는

발가벗은 여자가 ….” 아버지는 쇠고리가 달린 허리띠로 계속 제제를
때렸다. 어린 제제는 아버지 명령대로 계속 노래를 불러야 하는 것인
지 멈춰야 하는 것인지 종잡을 수가 없었다. 그리고 왜 때리는지 알
수가 없었다. 제제는 너무 맞아 결국 기절하고 말았다.

《나의 라임 오렌지 나무》(바스콘셀로스)

이 작품은 너무나도 유명하여 독자들도 기억이 또렷할 것이다.
가난한 집에서 쌓이는 스트레스를 가족들은 어린 제제에게 푸는 양 혹
독한 매와 증오를 그에게 퍼 붓는다. 한참 귀여움을 받을 나이에 상
처투성이인 그는 ‘라임 오렌지 나무’를 친구 삼아 슬픔과 대화를 나
누고 위로를 받는다.

초등학교 일학년 반에서 덩치 큰 여자 선생님이 수업을 이끌었다. 그
선생님은 매우 사무적이고 어리석은 행동은 조금도 용서할 줄 몰랐
다. … 하루는 그 선생님이 사진 한 장을 들어 보였다. 사슴 두 마리
가 시냇물을 건너는 모습이 찍혀 있었다. 어찌나 서로 펄쩍거리며 뛰
어 오르고 있던지, 마치 누군가에 쫓겨서 물 밖으로 솟아오른 것 같
이 느껴졌다. 덩치 큰 여선생님은 사슴들이 뭘 하고 있는지 누구 아
는 사람이 있느냐고 물었다.
　한 아이가 아마 사냥꾼에게 쫓기는 것 같다고 했다. 또 다른 아이
는 사슴이 물을 싫어해서 서둘러 건너려는 중이라고 말했다. 선생님
은 나중에 말한 아이의 설명이 맞다고 했다. 나는 손을 들고 말했다.

"수사슴이 암사슴의 엉덩이 위로 뛰어 오른 걸 보면 그들이 짝짓기 하는 중인 게 틀림없어요. 게다가 주위의 풀이나 나무 모습들을 보더라도 그때가 사슴들이 짝짓기 하는 철이란 건 쉽게 알 수 있어요."

그 뚱뚱한 여선생님은 얼이 빠져 할 말을 잃었다. 몇몇 애들이 웃었다. 그녀는 갑자기 내 쪽으로와 내 멱살을 잡고 고함을 쳤다. "진작 알았어야 했는데 …. 이 추잡스런 사생아 녀석!" 나는 그녀가 악쓰는 이유를 알 수가 없었다. 결국 나는 목사의 집무실로 끌려갔다.

목사는 굵다란 막대기로 셔츠를 벗은 내 등을 내리쳤다. 막대기가 부러지자 다른 막대기를 또 가져 왔다. 나는 실신하여 바닥에 쓰러졌다. 신발 안이 피로 질척했다. 일주일간 저녁식사는 없다고 했다. 내가 무슨 짓을 했기에 그 뚱뚱한 여선생님은 그렇게 놀랐고 또 목사는 왜 그렇게 화를 내고 무지막지하게 나를 때렸는지 도무지 알 수가 없었다.

《내 영혼이 따뜻했던 날들》(포리스터 카터)

위의 이야기는 여섯 살 된 '작은 나무'(포리스터의 어릴 적 인디언 이름)가 고향 산촌을 떠나 교회에서 경영하는 고아원에 입원하여 그 곳 학교에 다닌 지 얼마 안 되어 일어났던 일이었다. 이 일이 있은 후 크리스마스 날에 할아버지가 고아원으로 오셨고, 목사에게 모진 매를 맞은 '작은 나무'는 "집에 가고 싶어요"라고 호소하였다. 결국 그는 할아버지와 함께 열 시간 동안 버스를 타고 다시 고향 집으로 되돌아오고 말았다. 이 작품은 포리스터가 어릴 적부터 백인 미국사회의 잔혹성과 위선을 경험한 얘기를 쓴 자서전이다.

　패튼 장군을 주제로 한 영화의 한 장면이 떠오른다. 그는 항상 군인으로서의 강한 카리스마와 함께 지휘봉을 지니고 다녔다. 어느 날 전쟁터에서 수많은 탱크들이 서로 얽혀 옴짝달싹 못하게 되었을 때 그는 그의 지휘봉으로 교통정리를 해서 탱크의 소통을 원활하게 해 주었다. 반면에 의료병동에서 용기를 잃고 겁에 질려 떨며 공포증을 나타내는 한 병사를 군인답게 해주려고 그 지휘봉을 휘둘러서 구설수에 올랐다. '지휘봉'이란 도구가 굵은 회초리로 쓰여 말썽이 난 것이었다. 물론 패튼 장군이 불같은 분노의 감정이 수반된 것도 사실이었다. 매를 맞은 병사 역시 자기가 왜 매를 맞아야 하는지 영문을 이해하지 못했다. 결국 그 병사는 정신적 공포증에 신체적 상처까지 입게 된 것이었다.

　《톰 소여의 모험》에서 매 맞으며 성장한 톰은 자기 또래에서 비교적 조숙하고 장난 끼가 심한 아이일 뿐 그렇게 비뚤어진 아이는 아니었다. 그리고 폴리 이모의 매는 다분히 '사랑의 매'에 해당 된다고 본다.

　그러나 《나의 라임 오렌지 나무》의 제제와 《내 영혼이 따뜻했던 날들》의 '작은 나무'는 영문 모르고 심한 매를 맞아 정신적, 육체적으로 치명적인 상처를 받았다. 어린애를 가느다란 회초리도 아니고 '가죽 허리 띠'나 '굵은 몽둥이'로 혹독하게 때리는 것은 매가 아니라 폭력이다. 패튼 장군도 의도적인 것이 아니고 순간적인 감정에서 지휘봉으로 매를 가했다. 그러나 그의 결정적 실수는 그 병사가 정상적인 정신상태가 아닌 것을 염두에 두지 않았다는 것이다. 그런 폭력을 가한 제제의 부친이나 '작은 나무'의 목사 그리고 패튼 장군은 매를 들기 전에 감정을 가라 앉혀야 했다. 그리고 그들에게 잘못이 있다면 무엇을 잘못했는지 부드러운 어조로 타일러 주었어야 한다.

3

체벌의 역사는 꽤 깊다. 우리나라에서는 조선시대 서당에서 '회초리의 매'가 기본적인 체벌로 행해졌다. 단원 김홍도의 풍속도(風俗圖)에도 글방에서 한 아이가 매 맞고 우는 모습이 묘사되어 있다. 그리고 '사랑의 매'를 은연중에 나타내는 속담도 있다. '매 끝에 정든다', '매로 키운 자식이 효성 있다' 등.

서양의 경우는 고대 희랍·로마시대부터 교정(矯正)과 단련을 위해 학교에서 매를 준비하여 학업을 촉구하고 훈육했다. 그런데 부정적인 시각을 갖고 그 반대론을 맹렬히 편 사람들—코메니우스(17C), 루소(18C), 헤르바르트(19C)—도 있다. 반대 이유는 신체적 고통을 주는 것은 동물을 조정하는 체벌과 원리일 뿐 인간에게는 부적절하다는 것이다. 계속되는 체벌로 말미암아 자주성·적극성이 결여되고 노예성을 초래하며, 반항심과 불안정한 정서를 조성하므로 '정상적인 인격형성'을 기대할 수 없다는 것이다. 한마디로 체벌은 '인권침해'라는 것이다.

얼마 전 대법원에서 교사의 체벌이 형사 처벌의 대상(정당행위로 인정받을 수 없는 사례)이 되는 '가이드라인'을 제시한 신문기사를 읽은 적이 있다. 그 기사 내용은 이러하다.

    (1) 학생에게 체벌의 교육적 의미(이유)를 알리지도 않은 채 지도교사의 성격 또는 감정에서 비롯된 행위일 때
    (2) 다른 사람이 없는 곳에서 지도할 수 있음에도 낯선 사람이 보는 데서 공개적으로 체벌, 모욕을 가하는 행위
    (3) 학생의 신체나 정신건강에 위험한 물건 또는 교사가 신체를 이용해 부상의 위험성이 있는 부위를 때리는 행위
    (4) 학생의 성별·연령·개인 사정에 따라 견디기 어려운 모욕감을 준 행위 등이었다. 이러한 경우는 사회 통념상 받아들이기 어려운 체벌 행위이므로 형사 처벌이 불가피하다고 했다.

'교편'(敎鞭)이라는 단어가 있다. '敎'는 가르칠 교, '鞭'은 채찍 편자다. '교편'은 학생을 가르칠 때 교사가 사용하는 가느다란 막대기 또는 지휘봉을 의미한다. 그리고 '교편을 잡는다'라는 말은 교사가 되어 학생을 가르친다는 것을 뜻한다. 물론 마소를 부릴 때도

채찍질을 한다. 그러나 인간을 다룰 때는 어떤 물질적인 도구로 채찍
질하는 것이라기보다 정신적인 자극과 깨달음을 주는 것이 현명한 방
법이라고 사료된다. 따끔한 말로 일깨워 주고 따뜻한 스킨십으로 격
려해 주는 것이 어떨까 싶다.

그러나 한 가지 염려스런 마음을 놓을 수가 없다. 요즘 어느 집
이나 아이들이 적어서 모두 귀한 외아들, 외동딸이라 귀염만 받고
자라는데 잘못된 버릇이나 행동은 어디서, 누가, 어떻게 고쳐 준단
말인가? 그들에겐 어떤 스승이 필요할까? 아이들을 올바른 길로 인
도하기 위해 순수한 사랑과 정열과 관심뿐 감정이 개입되지 않은
매를 들 수 있는 참 스승 그리고 참된 어른들이 이 사회에 몇 명이
나 있을까?

여자는 '약한 자'일까?

　셰익스피어의 희곡 《햄릿》(*Hamlet*) 가운데서 가장 많이 뭇사람의 입에 오르는 대사 중의 하나가 '약한 자여, 그대 이름은 여자이니라'이다. 이것은 왕이 급서한 후 숙부가 부왕 대신 왕좌에 올랐는데 자기 모친이 숙부와 재혼한 것을 한탄하는 햄릿의 독백이다.

　… 아 —! 이 더러운 육체, 스스로 녹아서 이슬이 되어 버림이 차라리 나으리라. 이 세상의 삶, 일체가 지겹도록 싫어졌다. … 아버님이 어머니를 얼마나 끔찍이 생각해 주셨던가. 말해서 무엇 하랴. 약한 자여, 그대이름은 여자이니라. 한 달도 채 되지 않았는데! 왕구에 매달려 그토록 울고불고, 구두 뒤축에 묻었던 능상의 흙 자국도 아직 생생한데 …. 숙부의 가슴에 몸을 맡기다니! …(1막 2장)

　숙부(클로디어스)에게 복수의 칼날을 갈던 햄릿은 미친 척하느라고 연인 오필리아에게 조차 냉정하게 대한다. 오필리아의 아버지(폴로니어스)를 숙부로 오인하여 칼로 찔러 죽인다. 충격을 받은 오필리아는 개울에 빠져 죽고, 원수를 갚으려던 그녀의 오빠(레어티즈)는 햄릿과 펜싱시합도중 햄릿의 역습으로 독 바른 자기 칼에 찔려 죽는다. 왕비(거트루드)는 독주를 마시고 자살하고 결국 국왕(클로디어스)은 햄릿의 칼에 맞아 죽고, 햄릿 역시 레어티즈의 독 묻은 칼에 입은 상처로 죽게 된다.

이상에서 언급된 등장인물 6명은 모두 죽었는데 그 중 4명은 햄릿에 의해 죽은 것이다. (폴로니어스: 오인으로, 오필리아: 간접살인, 레어티즈: 칼싸움, 클로디어스: 복수의 칼) 정말 이 드라마는 비극 중의 비극이라고 볼 수 있다.

이 작품에 대해 후세 사람들의 비평도 분분했다. '시공을 초월하여 새로운 성격의 형(햄릿형 인간)을 창조한 위대한 인간 극이다'라고 호평하는 이도 있었다. 반면에 "햄릿은 명상증, 우울증에 시달리는 우유부단한 인물이다."(브래들리) "저속하고 야만적인 작품이다. 햄릿은 2막에서 미치고, 그 연인은 3막에서 미친다. 왕자는 쥐를 죽이듯 연인의 부친을 살해하고 여주인공은 개울에 빠져 죽는다."(볼테르) "… 그가 미친 척하고 오필리아에게 지독한 말을 퍼붓는 장면은 '없었으면 싶은' 잔인한 짓이다."(존슨)

《햄릿》이라는 희곡 속의 주인공 햄릿은 애초부터 감수성이 예민하고 신경이 약한 청년이었다. 그의 부친의 갑작스런 죽음에 이어 모친의 경솔한 재혼으로 인해 충격을 받아 더욱 침울하고 무기력해졌다. 어머니에 대한 반발심은 이해한다해도, 사랑스럽고 청순하기 그지없는 오필리아에게 마구 퍼붓는 언동은 어떤 의미에서건 잔혹한 짓이었다. 햄릿은 여성에 대한 기피증과 삶에 대한 우울증을 함께 앓고 있었는지도 모른다.

또한 지금으로부터 407년 전 한 드라마 속에서 나약한 주인공이 내뱉은 독백 '약한 자여, 그대 이름은 여자 이니라'를 고사성어화(故事成語化)하여 계속 사용하는 것은 여성을 비하(卑下)하는 행위들이다. 이것은 정말 참을 수 없는 불공평한 사례다.

여자는 육체적인 힘에 있어서는 남자보다 약한 편이라는 것을 부인하지 않는다. 그러나 정신적인 면 즉 의지나 역경에 대처하는 힘은 남성에 못지않다. 팔 힘이 연약한 여자들은 남자들보다 덜 잔인하고 오히려 동정심은 많아 사람의 마음을 잘 움직이게 한다. 다음 작품들 속에 나타난 누이동생들을 살펴보면 그것이 증명된다.

카프카의 《변신》(變身) 첫 구절은 이렇게 시작된다. "그레고르 잠자는 어느 날 아침 뒤숭숭한 잠에서 깨어났을 때 흉측스런 벌레로 변해서 침대에 누워 있는 자신의 모습을 보았다." 이 작품의 내용을 요약해서 독자들에게 다시 들려주고 싶다.

그레고르는 외판원으로 평소 업무상 긴장감이 심했고 가족의 생계를 책임지고 있었다. 의식과 생각은 정상인데 몸이 생각대로 안 움직이고, 자신이 말을 하나 다른 사람에게는 들리지 않았다. 회사 지배인은 무단결근을 탓하러 와서 그를 보고 "앗!" 소리치며 달아났고, 어머니는 쓰러지셨고 아버지는 욕지거리를 했다. 그때 누이동생은 자리에 없었다. 그의 방문은 아버지에 의해 빗장이 걸려서 그는 감금당했다.

저녁때 누이동생 그레테는 변신한 오빠를 보고 놀랐으나, 그를 위해 음식(먹이)을 날라다 주었다. 변신한 지 한 달 후 그레테는 공포심을 갖지 않고 그를 도왔다. 다정하게 말도 건넸다. 그가 먹이를 남김없이 먹으면 "맛이 있나보군"했고, 그렇지 않을 땐 "또 남겼군!" 했다.

가장 그레고르가 벌레가 되고나서 그의 집과 가족도 많이 변했다. 아버지도 취직을 했고, 누이동생은 점원이 되었고 어머니는 삯바느질과 빨래해 주는 일을 하셨다.

어느 날 가구 정리 중 그레고르가 아끼던 그림을 옮겨가려 하자, 그는 방 밖으로 기어 나와 그 그림을 내주지 않으려고 했다. 그러자 아버지는 그에게 사과를 던져서 벌레가 된 그레고르는 시력을 잃고 상처를 입었다.

다음 날 아침 파출부 할멈이 외쳤다. "좀 와 봐요. 저것이 뻗었어요." 그레고르의 시체는 할멈에 의해 처리되었고, 아버지는 "하느님께 감사드려야 되겠다"고 하시면서 성호를 그었다.

그의 변신으로 가족들이 그와의 접촉을 꺼리고 있었지만 누이동생은 그를 이해하고 도와주려고 애썼다. 그의 어머니도 변신한 아들을 보고 괴로워했고 가엾게 여겼다. 그러나 그레고르의 아버지는 가족들에 대해 폭군으로 군림한 것처럼 그에게도 폭력을 썼다. 이처럼 벌레로 둔갑한 그레고르에게 동정심을 베푼 사람은 누이동생과 어머니 두 여성뿐이었다.

카프카는 그레고르를 벌레로 변신시켜 의인화(擬人化)된 심리적 환상 주의론을 펼치며 인간 존재의 불안과 허무를 극명하게 드러내 보여주었다. 이것은 작가 자신의 고독과 내성적이고 비사교적인 성품을 잘 반영한 것이라고 한다. 하나의 변신이 있기 위해서 인간들은 더욱더 깊은 내면에서의 자기성찰과 고통을 겪어야만 하는 것이다.

또 하나의 작품을 살펴보자. 20세기 최고의 소설로 지명되고 청소년소녀의 필독서인 J. D. 샐린저의 《호밀밭의 파수꾼》에 등장하는 누이동생은 어떠했을까?

이 소설의 주인공 홀든 콜필드는 이제 막 열여섯 살이 된 고등학교 3학년 학생이다. 친구도 없고 학교에 대한 실망과 공부에 대한 의욕을 잃어 성적불량으로 퇴학당한다. 벌써 네 번째 퇴학이다. 홀든은 결벽증이 있어서 혼탁하고 불결한 현실에 적응을 못하고 절망하여 뉴욕을 떠나 서부로 도피하려고 결심한다. 그러나 도피 직전에 여동생 피비를 만나 그의 착하고 순진무구한 태도에 마음의 문을 열고 현실에 존재하는 모든 것을 아름답고 긍정적인 것으로 보기 시작한다.

그 결정적인 순간들과 대화를 떠올려 본다. 홀든이 퇴학당한 후, 기숙사를 나와 방황하다가 부모 몰래 집에 들러서 누이동생 피비를 만났을 때의 대화다.

"오빠 뭐가 되고 싶은데?" "난 넓은 호밀 밭에서 어린애들이 놀고 있을 때 혹시 낭떠러지에서 떨어질 것 같으면 얼른 가서 붙잡아 주는 거지, … 이를테면 호밀 밭의 파수꾼이 되는 거야. … 내가 정말 되고 싶은 것은 그것밖에 없어." "아빠는 오빠를 죽일 거야" "죽여도 좋아." (22장)

그리고 그가 쓸 용돈이 한 푼도 없다고 하자 피비는 크리스마스에 쓸 돈을 몽땅 오빠에게 내어 주었다. 그때 갑자기 홀든은 울음을 터뜨렸다. 오누이는 한참 동안 함께 울었다. (23장)

홀든이 서부로 떠나기 전 여동생 피비를 마지막으로 만나기 위해 (실은 받았던 돈을 돌려주려고) 학교 옆 미술박물관 입구로 갔을 때의 장면이다. 피비는 큰 여행 가방을 끌고 오는 것이었다.

“그 가방엔 뭐가 들었니?” “내 옷이야. 나도 오빠하고 같이 갈 테야.”
이 말을 듣고 나는 졸도할 뻔했다. “안 돼.” 나는 단호하게 말하며 여
동생의 고집을 돌리기 위해 동물원 쪽으로 앞서 가며 산책을 서둘렀
다. 피비는 웃지 않았다. 화가 나 있었으니까. 그런데 피비는 예나
지금이나 ‘회전목마’라면 사족을 못 쓴다. 피비는 환하게 웃는 얼굴로
갈색의 낡은 회전목마에 올라탔다.

　동생이 탄 회전목마가 움직이기 시작했다. 그가 내게 손을 흔들었
다. 나도 손을 흔들어 보였다. 그런데 비가 미친 듯이 오기 시작했
다. 모두들 회전목마의 지붕 밑으로 뛰어 들어 갔다. 나는 한참 동안
벤치에 그냥 앉아 있었다. … 피비가 목마를 탄 채 돌아가고 있는 것
을 보자 나는 갑자기 행복을 느꼈다. 너무나 기분이 좋아서 큰소리로
마구 외치고 싶었다. 왜 그랬는지 모른다. 여하튼 피비가 파란 외투
를 입고 빙빙 돌고 있는 모습—이건 너무나 멋있었다. … (25장)

　현실의 삶이 그에게 주는 고통을 이기지 못해 서부로 도피하려는
그의 의지는 앤톨리니 선생님의 충고에도 흔들리지 않았다. 결국 그의
의지는 순진한 누이동생 피비의 착한 본성에 그의 본성이 동화되어 현
실을 너그럽게 수용한 것이다. 이처럼 정신적 변화는 은연중에 일어
나 삶의 아름다움을 관조할 수 있는 상태에 이르게 된 것이다.

　이것은 단연 파란외투를 입고 저 갈색 회전목마에 올라 타 빙빙
돌아가고 있는 누이동생 피비의 덕분이다. 누이동생 피비는 오빠
홀든의 구호 천사였다.

다시 한 번 만천하에 고(告)하고 싶다. '약한 자여, 그대 이름은 여자이니라'라는 말은 쓰지 말았으면 한다. 여자는 결코 약한 자가 아니다. 쓰려면 고쳐서 성별 구별 없이 양성을 모두 포함하여 '약한 자여, 그대 이름은 인간들이다' 아니면 '약한 자여, 그대 이름은 약한 마음을 품는 인간이니라'라고 쓴다면 거부감이 들지 않을 것이다.

제 3 부

깃털 같은 영혼의 편린(片鱗)

나는 영혼의 이야기를 사랑한다. 스스로에게 감사한 마음을
갖게 하고, 비록 어렵고 힘든 일이 있더라도
우리가 하나라는 사실에 기뻐한다면 모두가 영혼의 이야기다.
우주의 가치를 제대로 알고 그것을 위대한 친구로
볼 수 있도록 해주는 것 또한 영혼의 이야기다.

《소울 스토리》 Soul Story, 게리 주커브

나무 앞에 무릎 꿇고

1

옛날부터 사람들은 나무에 신이 곁들여 있는 것으로 믿고 그를 받들었다. 그래서 영혼이 깃든 나무를 신수(神樹) 또는 영수(靈樹)라고 불렀다. 또한 여러 지방에서 최근까지 서낭당(城隍堂)에서 토지와 마을을 수호하는 신인 서낭신에게 제사를 지냈었다.

서낭당에는 신수가 있었고, 그 나무 주변에는 돌무더기가 쌓여 있었다. 마을 입구, 고갯마루, 사찰입구 등에서 발견되는 민간의 보편화된 신앙이었다. 서낭신앙은 액·질병·재해 등을 막아 주는 부락 수호의 관습에서 비롯되었으며, 신수(神樹)에는 아이들의 장수를 기원하는 색색의 헝겊조각이 걸려 있었다.

그러한 나무에 대한 믿음은 세계 어느 국가나 민족을 초월하여 모두 똑같다는 사실을 우리는 작품을 통해서 확인할 수 있다. 그리고 믿음뿐만 아니라 나무에 대한 예찬(禮讚)도 작품 속에 나타나 있다.

2

수필가 이양하의 《나무》에는 이런 구절이 있다.

> 나무는 덕(德)을 가졌다. 나무는 주어진 분수에 만족할 줄을 안다. 나무로 태어난 것을 탓하지 아니하고, 왜 여기 놓이고 저기 놓이지 않았는가를 말하지 아니한다. … 하늘을 우러러 항상 감사하고 찬송하고 묵도한다. 나무는 견인주의자요, 철인이요, 현인이다. … 나는 죽어서 나무가 되고 싶다.

'분수에 만족할 줄 알고, 하늘을 우러러 항상 감사하고 찬송하고 묵도한다.' 정말 나무에게선 배울 점이 많다. 이 말 많은 세상에서 인간으로 하여금 깊은 자기 성찰을 암시해 준다.

헤르만 헤세의 단편소설 《방랑》(放浪) 중 〈나무〉에는 이러한 글이 있다.

나무는 언제나 나에게 감명 깊은 설교자다. 그들이 한 민족이나 가족을 이루고 숲을 형성하여 살아가는 것을 볼 때, 존경하지 않을 수 없다. 나무가 혼자 외로이 서 있을 때 더욱 존경한다. … 베토벤이나 니체와도 같은 위대한 사람처럼 보인다. … 나무는 신성하다. 나무와 함께 이야기할 줄 알고, 나무에게 귀 기울일 수 있는 사람은 진리를 안다. … 나무는 우리보다 더 오래 산 만큼, 냉정하고 생각이 깊다. … 나무는 자기 이외의 것이 되고자 하지 않는다. 그 자신이 바로 고향이요, 행복이기 때문이다.

헤르만 헤세는 젊은 시절 누구보다도 오랜 방황을 했는데, 나무에 대한 깊은 감명과 대화와 진리를 깨닫고, 그 방황을 끝냈는지 모른다. 나무라는 고향으로 돌아와 그도 또한 위대한 작가의 고독하지만 신성한 길을 걷게 되었는지 모른다.

박목월은 그의 시 〈나무〉에서 나무에 대한 느낌을 꾸밈없이 그대로 묘사하여 전달해 준다.

유성에서 조치원으로 가는 어느 들판에 우두커니 서 있는 한그루 늙은 나무를 만났다. 수도승일까. 묵중하게 서 있었다. … 공주에서 온양으로 우회하는 뒷길 어느 산마루에 그들은 멀리 서 있었다. 하늘문을 지키는 파수병일까. 외로워 보였다.
  온양에서 서울로 돌아오자, 놀랍게도 그들은 이미 내안에 뿌리를 펴고 있었다. 묵중한 그들의. 침울한 그들의. 아아, 고독한 모습. 그 후로 나는 뽑아낼 수 없는 몇 그루의 나무를 기르게 되었다.

시인 박목월은 나무를 수도승, 파수병 등으로 비유했다. 그리고 나무를 과묵하고 침울하고 고독한 모습으로 그리고 있다. 또한 나무의 그러한 외향적인 것뿐 아니라, 심연의 사색과 영혼에 이르는 내적인 인간의 경건함을 떠올리게 마무리를 해 준다.

3

월트 디즈니의 환상적 뮤지컬 애니메이션 〈포카혼타스〉는 어른이 봐도 재미있어서 영화 속에 폭 빠져 들게 한다.

인디언 추장 딸 포카혼타스는 아버지가 인디언 장군 코쿰과 결혼을 권유하자, 갈등을 일으킨다. 또 간밤에 이상한 꿈을 꾸었는데 '돌아가는 화살'에 관한 것이었다. ('돌아가는 화살'은 영국인 존 스미스 선장의 나침반을 뜻함) 포카혼타스는 엄마도 없고 자신의 고민을 하소연할 데가 없었다. 그래서 그는 타잔처럼 숲속의 나뭇잎들을 그네삼아 넘고 넘어 강가에 이른다. 강가에 사는 400세의 정령(精靈) '버드나무 할머니'에게 자신의 갈등을 털어 놓는다. 포카혼타스는 얌전하

108

게 무릎을 꿇고 기도하는 마음으로 할머니를 우러러보며 코쿰은 용맹스런 전사이나 포카혼타스는 그를 사랑하지 않는다는 것과 그 '이상한 꿈' 얘기를 했다. 버드나무 할머니는 인자하게 웃는 얼굴로 귀담아듣는다. 그리고 사랑하는 사람(백인)을 만나게 될 것을 암시해 준다.

포카혼타스는 집으로 돌아오는 도중 우연히 숲속에서 존을 만났는데 그가 '돌아가는 화살' 즉 나침반을 보여 준다. 그들은 곧 사랑에 빠지고 숱한 우여곡절이 연속된다.

엄마도 없는 인디언 소녀 포카혼타스에게 '버드나무 할머니'는 그의 신앙이며 고민 상담자이고 해결사였다. 자기만의 비밀장소 숲속 강기슭에서 삶의 여러 어려운 일들과 자기의 심중(心中)을 솔직하게 털어 놓았는데 나무가 어떻게 대화할 수 있었을까? 다만 포카혼타스는 신(神)을 대하듯 무릎 꿇고 엄숙하게 혼잣말을 한 것이었다. 그런데도 매번 현명한 해답을 찾아 가지고 돌아오곤 했다. 아마도 영혼의 어떤 계시(啓示)를 받았던 것 같다.

최초의 인디언 출신 의사이며 작가 오히예사(찰스 이스트먼)의 《인디언의 영혼》에도 버드나무 얘기가 나온다.

…어린 사촌 오에세다에게는 상상 속의 동무들이 많았다. 키 작은 버드나무가 한 그루 있었는데, 그녀는 정기적으로 그 나무를 찾아가서

오랫동안 대화를 나누다 돌아왔다. 나무와 나눈 이야기 중 어떤 내용은 나중에 내게 다시 들려주었다. 오에세다는 버드나무가 원래 자기 남편인데 마술에 걸려서 나무로 변했다고 했다. 그러면서 어른들에게는 그 비밀을 결코 말해서는 안 된다고 다짐을 받았다.

포카혼타스에게 버드나무는 엄마 그리고 신(神)이었는데 오히예사의 사촌 여동생 오에세다는 버드나무를 자신의 연인이자 남편으로 믿고 있는 것이었다. 마술이 풀리면 자기 남편이 될 것이라는 환상을 가지고 있었다.

버드나무는 아담하나 가지가 유연성이 있고 잎이 풍성하며 누구에게나 친근감을 준다. 썩은 나무의 원줄기는 어두워질 때 빛을 발한다고 한다. 산골 사람들은 이것을 도깨비불이라고 하여 무서워했다고 한다. 그래서 버드나무를 특히 신격화(神格化) 했는지 모른다.

미국의 작가 포리스터 카터의 자전적 소설 《내 영혼이 따뜻했던 날들》(원제 : *The Education of Little Tree*) 에는 떡갈나무가 나오고 그와 대화한다.

나와 윌번은 노는 시간이면 운동장 구석에 서 있는 큰 떡갈나무 아래 앉아 있었다. 나는 그 떡갈나무에게 말을 걸었다. 속으로만 말했기 때문에 윌번은 알아차리지 못했다. 그 떡갈나무는 늙은 나무였다. 겨울이 오고 있었기 때문에 소리를 낼 수 있는 이파리 들은 거의 다 떨어 졌지만, 대신 나무는 벌거숭이 가지를 바람 속에서 움직여 말을 했다.

　나무는 이제 막 잠이 들려던 참이었지만, 내가 여기 있다는 걸 산의 나무들에게 알려 줄 때까지는 자지 않고 깨어서 그 소식을 바람에 실어 보내겠노라고 했다.

　작품 속의 나는 작가 포리스터 카터인데 그의 어릴 적 인디언 이름은 '작은 나무'라고 불렸고, 인디언 혈통에 사생아였기 때문에 고아원과 학교에서 따돌림을 받았다. 그리고 윌번은 오른 쪽 발이 굽어져서 걸음을 정상적으로 걸을 수 없는 아이였다. '작은 나무'는 늘 윌번을 위로해 주었다. "이 고아원에서 나가 치료를 받으면 틀림없이 발이 펴질 거야"라고. 그래서 윌번과 그는 동병상련(同病相憐)의 관계로 친구가 되었다.

　사람들은 늙은 나무(古木, 老樹)를 더욱 신뢰하고 그에게서 위안을 받는 것 같다. 이 작품에서 떡갈나무는 '작은 나무'와 윌번의 다정한 친구가 되어주었고, 고아원에서 소외된 그들에게 '그리운 할아버지'가 되어 주었다.

4

그리고 몇 년 전(2004. 2. 7일자) 〈조선일보〉에 '문학의 숲, 고전의 바다'라는 칼럼이 있었는데 송호근 교수님의 《나타샤와 자작나무》를 눈 내리는 밤에 참 인상 깊게 읽은 적이 있다.

> 자작나무는 군락을 이뤄야 제격이다. 홀로 초라해 뵈던 깡마른 나무가 군락을 이루면 금세 늠름해지며 혁명의 냄새를 피운다. 러시아 혁명에서 빨치산들이 피로에 지쳐 돌아오던 아지트도 자작나무 숲이었고, '닥터지바고'가 달빛을 틈타 혁명군을 등졌던 곳도 자작나무 숲이었다. … 자작나무 숲은 늑대가 눈 덮인 설원의 방황을 호소라도 하듯 토해내는 울음의 여운을 고요히 간직한다.
> 바람이 서걱거리는 자작나무 숲에 들어서면 검게 변한 낙엽마다 그런 기억들이 묻어난다. 열정과 사랑의 끝을 예고라도 하듯, 행여 눈물이 비칠까 마른 몸을 흰 수피로 둘렀다.

송호근 교수의 느낌대로 '열정과 사랑의 끝을 예고라도 하듯' 자작나무는 슬픔과 불운을 연상시켜준다. 그리고 자작나무의 이미지는 포근함보다 쓸쓸함과 덧없음을 상징해 주는 것 같다. 자작나무 시인 백석과 신여성 김자야(백석은 그를 '나타샤'로 표현했음)의 운명적인 사랑이야기도 그래서 애달프게 끝난 것일까?

　일본의 노벨 문학상 수상 작가이며, 현존하는 양심의 대변자 오에 겐자부로의 최근 수필집 《'나의 나무' 아래서》를 펼쳐 보자. 작가는 자신의 어릴 적 성장과정을 추억하고, 현재의 삶을 반추하면서 나무에 관한 이야기를 담담하게 들려준다.

　　…나는 할머니의 얘기를 듣는 것을 좋아했습니다. …그 얘기들 중 하나는 골짜기 마을 사람들한테는 저마다 '나의 나무'로 정한 나무가 숲의 높은 곳에 있다는 것이었습니다. 사람의 혼은 그 '나의 나무'의 밑동—뿌리라고도 할 수 있습니다. —에서 골짜기로 내려와서 인간의 몸속으로 들어가고, 죽을 때에는 몸이 없어질 뿐이고 혼은 자기 나무가 있는 곳으로 돌아간다는 얘기였습니다. …

　이렇게 작가 오에의 고향 사람들은 숲 속에 '나의 나무'를 한 그루씩 점찍어 놓고 있었다. 그도 물론 '그의 나무(단풍나무)'가 있었는데 그 나무 위에 '책 읽는 집'을 만들어 놓고 독서를 했다고 한다. 스스로도 읽는 것이 유익할 줄 알면서도 여간해서 읽기 어려운 책, 즉 톨스토이의 일기 같은 것도 그 특별한 장소(나무 위)에서는 거뜬히 읽을 수 있었고 더 어려운 책도 읽게 되었다고 한다. 그의 맑은 영혼과 양심은 이렇게 '그의 나무'에서 비롯된 것이다. '나의 나무'는 영혼 그 자체이며, 꿈이고 희망으로 상징되며, 인간이 올바르게 살아가는 방법을 암시해 주는 것이다.

　이렇듯 나무는 누구에게나 정신적 지주이며 신체적 건강을 지켜주는 수호신이다. 우리도 각기 '나의 나무'를 한그루씩 갖는 게 어떨까 하는 생각은 허황된 꿈이 아닐 것이다. 물론 고향이 도시인 사람도 있고, 아파트에 사는 사람도 많으니, 화분에라도 나무를 심어 가까이 놓고 정성껏 가꾸고 외로울 때 대화하면 어떨까? 우리들의 눈동자는 훨씬 안정되고 정신은 더욱 맑아지고 빛을 낼 것이다.

인디언, 그 신비의 마력

1

내가 한참 '사라져 가는 것들'에 대한 아쉬움에 사로 잡혀 골똘했던 기간에 내 눈에 들어 온 책의 타이틀이 《아메리카 인디안 투쟁사》였다.

이 책은 법률을 전공하신 윤상환 선생님께서 저술하신 미국 원주민 역사의 기록서였다(2003, 메드라인). 인디언에 관한 여러 가지 유익한 정보를 얻게 되어 뛸 듯이 기뻤다.

지구상에 인간이 살게 된 이래 아메리카 인디안처럼 한 많은 민족은 없을 것이다. 그리고 세계사에 대해 가장 불만이 큰 민족일지도 모른다. 그들의 영토에 콜럼버스를 선두로 유럽의 백인들이 벌떼처럼 몰려들어 왔을 때, 인디언들은 우호적이고 관용과 온정을 베풀었다. 이에 대한 백인들의 대답은 배신과 약탈과 인종섬멸이었다. …

1492년 콜럼버스가 아메리카 대륙을 발견한 것은 발견이 아닌 침략이었다. 사실은 원주민들이 콜럼버스를 발견한 것이었다. 아메리카 대륙은 신대륙도, 처녀지도 아니었다. 그곳은 구대륙이었고 처녀지가 아닌 과부의 땅이었다. 벌써 1억이 넘는 원주민이 살고 있었고 그 땅에 살게 된 것도 2만 5천여 년 전이었다. 원래 새로운 땅의 발견(*discovery*)은 무인 미지의 땅을 찾아낸 것을 의미한다. 주인이 있는 땅에 들어 왔으므로 불법침입이다. 허락 없이 들어 왔으므로 콜럼버스는 불법침입자였다.

… 새들이 적을 피해 높은 곳에 둥지를 틀듯이, 인디언도 적(백인)의 공격을 피해 쫓기고 쫓겨 높디높은 산꼭대기 암반 위에 올라가 살게 되었다. 이것이 오늘날 아코마족의 거주지 'Sky City'가 되었다.

위의 내용은 물론 이 책의 모든 내용들은 원주민(인디언) 즉 패자의 시각에서 '패자의 역사'를 진실하게 기록한 것이었다. 그래서인지 매우 놀랍고도 두려운 사실이 많았다. 그러한 정치적, 역사적 원주민의 비운(悲運)을 논하고 싶지는 않고, 다만 그들의 정신세계 즉 '그들은 무엇에 이끌리며 살아왔는가' 라는 부분에 대해 자료를 모아 보았다. 윤상환 선생님의 저서 마무리 부분 11장을 다시 펼쳐 본다.

아메리카 원주민들은 정령(*spirit*)의 세계와 종교적인 의식을 중시하면서 살아 온 민족이다. 즉 정신세계를 중시해 왔다. 그러나 유럽인들은 원주민의 의식이나 생활방법을 '미개와 야만'으로 매도하고 무시했다. 백인들의 종교나 생활에 동화(同化)하는 것이 문명화라고 강조하였다.

… 요즘 미국의 인류학자들은 '사라져 가는 인디안', '잊혀 가고 있는 그들의 문화와 전통'이라는 표현을 자주 쓴다. 오랫동안 인디언의 이미지와 문화에 대한 폄하와 잘못된 인식 때문일 것이다.

내가 이야기 하고 싶은 것도 바로 인디언의 정신세계 즉 영혼에 관한 것이다. 그런데 그뿐 아니라 나는 괜히 인디언들에 관한 여러 가지 일들이 궁금해졌다. 그래서 인디언을 주제로 한 옛날에 본 영화는 물론 아직 안 본 것도 인디언이 나오는 영화는 모두 추려내서 다시 보고 싶었다. 인디언이 나오는 영화가 꽤 많았다.

역마차(*Stagecoach*, 1939), 리오 그란데(*Rio Grande*, 1950), 아파치(*Apache*, 1954), 수색자(*The Searchers*, 1956), 솔저 블루(*Soldier Blue*, 1970), 작은 거인(*Little Big Man*, 1970), 미션(*The Mission*, 1986), 늑대와 함께 춤을(*Dances with Wolves*, 1990), 제로니모(*Geronimo*, 1993), 데드 맨(*Dead Man*, 1995) 등.

이상 열 편의 영화 중 여섯 편을 VTR이나 DVD(1996년 가을부터 발매)로 나온 것을 빌려다 보았다. 그것들을 구하기 위해 이 경기도 변두리에서 서울 청량리 밖 회기동 '미래영상'까지 가는 수고를 아끼지 않았다.

영화의 줄거리를 다 적으려면 너무 장황해지므로 자세한 줄거리
는 끄트머리 부록에 넣기로 했으니 참고하기 바란다. 다만 마음에
와 닿아 아직도 남아있는 대화나 장면들을 간추려 적어 본다.

2

마음에 남는 대사나 장면들

〈작은 거인〉(*Little Big Man*, 1970, 아서 펜 감독)

이 영화의 주인공 잭 크랩은 여러 가지 직업을 전전하며 온갖 풍
상(風霜)과 파란곡절(波瀾曲折)을 다 겪었다. 모자란 듯 빈틈이 있
어 보이고 우유부단(優柔不斷)해 보이나 양심은 잃지 않았으며 악
의가 없었다.

총 쏘는 법을 배웠지만 함부로 쏘지 않은 것. 자신도 군인이면서
다른 백인군인이 인디언 여자와 어린이에게 총을 쏠 때, "안 된다"
고 소리치며 말린 것. 커스터 장군을 죽이려고 칼을 품고 그의 천
막에 들어갔다가 찌르지 못한 것. 히콕이 죽었지만 돈을 가로채지
않고 돈지갑을 어김없이 전달해 준 것 등등은 그가 선량하다는 것

을 증명해 준다.

　인디언 남자들은 대부분 용감한 사냥꾼이며 전사들이다. 인디언 여자들도 강한 체질을 타고난 것 같다. 잭의 아내 '햇빛'은 혼자서 애를 낳아 가슴에 안고 그의 천막으로 돌아 왔다. 그때 내 머리 속에 한 장면이 떠올라 그녀의 모습에 오버랩(*overlap*) 되었다. 펄벅의 《대지》에서 오란이 하루 종일 논에서 일하고 저녁 무렵 혼자서 아들을 낳던 장면 ….

　인디언들은 자신들만을 '인간'이라고 부른다. 그리고 할아버지는 샤이엔족에게는 물론 잭에게도 '정신적 지주'(支柱)가 되었다. 그는 예언을 잘했다. '백인을 적으로 대할 날'(전쟁)을 예고하면 용감한 전사들은 '죽기에 좋은날'이라고 싸움에 적극 동참의사를 표했고, 할아버지는 "내 마음이 매처럼 날아오른다"고 두 손을 높이 펴들고 축복해 주었다.

　그러나 싸움에서 인디언이 승리할 때는 극히 드물었다. 인디언은 워낙 숫자가 적었고 무기라고는 화살과 칼뿐이고 그나마 다 떨어지면 육박전이 고작이었다. 승리는 대부분 백인군인들의 것이었는데 그들은 숫자도 엄청나게 많았고 총과 대포와 망원경이 있었고 싸움도 체계적이었다.

　인디언들은 영혼에 이끌려 살았다. 특히 할아버지의 꿈은 영통(靈通)하게도 꼭 들어맞았다. 할아버지는 잭이 인디언 캠프로 갈 때마다

"돌아올 줄 알았다"며 꿈 얘기를 하고 환영의 담뱃대를 건네주었다. 잭이 몇 명의 여자를 거느리는 꿈을 꾼 후, '햇빛' 이외의 아내 셋을 얻게 되었다.

할아버지는 아직도 그들의 정신적 지주였다. "오늘은 이겼지만, 내일은 이기지 못할 거야, 가자, 산꼭대기로." 할아버지가 산 정상에서 신에게 힘을 달라고 기도를 드릴 때 응답이라도 하듯 하늘에서 비가 내렸다. 그리고 꿈속에서 "말들이 울면서 죽어 갔다"고 할아버지가 꿈 얘기를 들려 준 후, 백인과의 싸움에서 패하여 많은 인디언 전사들이 죽었다. 잭의 아내 '햇빛'과 그 아기들도 모두 총에 맞아 죽었다.

〈미션〉(*The Mission*, 1986, 롤랑 조페 감독)

험난한 폭포아래서 절벽을 넘어 온 가브리엘 신부가 마을 입구에서 피리를 불자, 인디언들은 겨누던 화살을 내리고 그에게 다가가서 우호적인 분위기가 감돈다. 음악은 이렇듯 사람사이를 평화롭게 만들어 준다.

로드리고 멘도사는 속죄하는 모습이 꽤 진지해 보였다. 그의 속죄는 망으로 만든 큰 배낭에 물건을 잔뜩 넣어서 절벽 밑에서부터 위로 끌어 올리는 것이었다. 위로 올려 진 짐을 신부들이 다시 굴려 떨어지게 하면 또 그것을 짊어지고 올라오는 것을 반복했다.

　　그것은 마치 시지프스가 '영겁의 바위'를 굴리는 벌을 받는 모습과 흡사했다. 이승에서 교활하고 꾀 많던 시지프스가 저승 신을 속인 죄로 지옥의 맨 밑바닥에서부터 가파른 언덕길로 무거운 바위를 밀어 올려 산꼭대기까지 올려놓으면, 굴러 떨어져 다시 올려야 하는 '영겁의 중노동'을 되풀이 하는 벌을 받던 모습을 연상케 했다.

　　그러나 결국 원주민 인디언들이 그를 용서해 줄 것을 원하므로 벌은 중단 되었다. 그는 자신이 '사냥하고 매매하던' 그들로부터 죄를 용서받고 흐느낀다.

　　잊지 못할 것은 인디언 아이들이 교회에서 성가를 부르는데 더없이 숭고한 목소리였다. 하얀 아기천사가 날개를 펴고 하늘로 오르는 듯했다. 음악을 통해 이미 그들의 영혼은 하늘나라에 이르러 있었다.

　　가브리엘 신부의 말이 귓가에서 맴돈다. "폭포 위의 땅은 그 누구의 것도 아니고 하느님과 과라니족의 것입니다. 이들은 짐승이 아니라 영적인 존재입니다."

　　음악(피리소리)은 가브리엘 신부와 인디언들의 영혼을 연결해 주고 일치시키는 매개체(媒介體)가 되었다. 또한 마지막 장면에서 살아남은 한 인디언 여자아이가 물에 둥둥 떠 있는 바이올린을 건져서 안고 가는 모습은 인간의 영혼을 구원 받은 것을 암시해 준다.

〈늑대와 춤을〉(*Dances with Wolves*, 1990, 케빈 코스트너 감독)

남북전쟁의 영웅 존 던버 중위는 자원해서 서부로 갔는데 '세지웍' 요새로 보내진다. 황폐한 빈집만 있는 곳이었지만 던버 중위는 요새를 정비하고 지원부대를 기다린다. 한 달이 지나도 아무런 교신이 없어 그는 일기장·말 한 필·늑대 한 마리와 함께 평원에서 지내던 중, 우연히 한 백인여자의 자살시도를 목격, 구해서 인디언 부락으로 데려다 준다.

그녀는 나쁜 인디언 포니족에게 가족을 잃고, 착한 인디언 수우족에게 구출되어 그곳에 온 크리스틴이다. 던버는 선량한 그곳 인디언들과 사귀고 '늑대와 춤을'이라는 인디언 이름을 얻게 된다. 포니족의 약탈이 심했고, 백인기병대에게 쫓기고 쫓겨 던버와 크리스틴은 하얀 겨울에 그들 곁을 떠나갔고, 인디언(수우족)들도 그들 캠프를 떠나 더 깊은 산속으로 숨었다.

머릿속에 맴도는 대화. "그들의 싸움은 음모·영토·권력을 위한 것이 아니고, 다만 겨울 양식과 아녀자를 지키기 위한 싸움이었다."(던버) "인생을 살아가는 데는 많은 길이 있지만, 가장 멋진 길은 참다운 인간으로 사는 거지."('발로 차는 새')

영화 마지막 장면에(*last scene*) 이렇게 쓰여 있다. —13년 후 그들의 마을은 폐허가 되었고 수우족은 네브라스카 로빈슨 요새에서 백인에게 항복하였다. 평원의 위대한 기마민족문화는 사라지고 서부는 역사 속으로 소리 없이 묻혀 갔다—.

〈제로니모〉(*Geronimo*, 1993, 월터 힐 감독)

제로니모는 미 정부 보호구역 지정에 저항하는 마지막 아파치족 인디언 전사였다. 그는 미 정부에서 파견된 장군에게 투항하여 총을 반납하고 비좁은 보호구역에서 500여 명의 아파치들과 갇혀 살게 되었다. 하루는 '시베큐' 무당이 '죽은 추장들이 일어선다'는 신통력을 퍼뜨린다. 제로니모도 머릿속에서 백마가 달리는 신통력을 순간적으로 느낀다. '시베큐' 무당은 "중지하라"는 그들의 지시를 안 듣고 계속 무당춤을 추며, 기운을 북돋아주자, 총살당한다. 이를 계기로 양측은 총격전이 시작된다.

제로니모는 아파치들을 데리고 산으로 도피한 후, 계속 백인들 마차를 공격하자 게이트 중위는 제로니모를 만나 협상을 한다. 그는 목에 걸린 십자가 목걸이를 떼어주며 "전쟁은 이제 끝내야 해요"라고 말한다. 제로니모는 "난 자네에게 푸른 돌을 주었고, 자넨 이걸 내게 주었으니, 이제 평화가 올 것이다"라고 말한다. 제로니모와 34명의 아파치는 넬슨 마일즈 장군에게 투항한다. 제로니모는 보호구역 아닌 플로리다 감옥으로 압송된다. 후송열차 속에서 제로니모는 한탄한다.

"우리는 몇 명만 남았다. 서로 미워해선 안 된다. 왜 신은 백인에게 우리 땅을 주지? 왜 그들은 수가 많고 총과 칼도 많지? 우리 신은 날 전사로 만드셨고 총과 총알도 날 죽이지 못하고 피해 갔다. 그게 내 신통력이었는데 …. 이제 내 시대는 끝났다.”

인디언들이 아무리 영통해도 백인들이 만든 문명의 이기 '무기'는 못 당해 낸다. 그들은 백인군인들을 피하여 산으로, 산꼭대기로 자꾸만 올라가 살다가 종국에는 하늘나라로 갈 수밖에 없다. 그래서 그들은 점점 사라져 가고, 잊혀 간다. 그것이 안쓰러울 뿐이다.

3

다시 한 번 윤상환 선생님의 《아메리카 인디안 투쟁사》의 곳곳을 훑어보고 그들에 관한 얘기를 마무리 하고자 한다.

   … 이 책의 저술 목적은 아메리카 대륙에 펼친 유럽인들의 광기를 고발하는 데 있다. 아메리카 대륙에 침입한 유럽인들은 잔인성과 증오로 인성(人性)을 잃고 인디언을 살육하고 약탈했던 것이다. …
   역사의 기록은 소중하다. 현재는 과거 위에 존재하고, 미래는 현재 위에 존재할 것이기 때문이다. … 이 책은 아메리카 대륙의 역사적인 사실을 원주민 즉 인디언의 시각에서 기록한 것이다.

　…북국의 에스키모인들로부터 남미 안데스의 잉카 후예들에 이르 기까지 아메리카 대륙의 약 1억 명의 원주민 인디안들. 그들은 기원 전 3만 년경부터 그 대륙에 정착해 살아 온 주인이었다. 현재 비참한 모습으로 살고 있는 그들은 빼앗긴 땅과 문화를 되찾겠다는 결의를 곳곳에서 보이고 있다.

　특히 캐나다 정부는 헌법에 명문화하여 원주민의 권리를 인정하고 있으며 그 원주민들은 모든 분야에서 차별과 학대를 철폐하고 생존 권, 평등권을 쟁취하는 것을 목표로 하고 있다.

그리고 저자는 인디언 전사, 영웅들의 무용담을 이 책에 소개하지 못한 것을 못내 아쉬워하면서 끝맺음을 하고 있다.

　영혼에 이끌리고 가슴으로 생각하며 살아가는 인디언, 인디오. 그들 을 글이나 영화 등 작품에서라도 자주 만날 수 있다면, 그들은 더 이 상 사라져 가고 잊혀가는 슬픈 대상이 아닐 것이다. 해와 달처럼 살며시 떠올라 우리의 기억 속에 고이 간직되는 맑은 영혼들이 될 것이다.

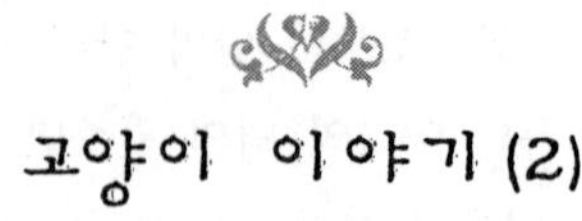

고양이 이야기 (2)

1

　뮤지컬 〈캐츠〉(2007. 7. 21) 공연이 시작되기 전부터 한 여름인데도 공개된 무대 분위기는 으스스했다. 온통 까만 무대 배경에 이 곳저곳에서 하얗게 번쩍이는 고양이 눈들. 이윽고 제 1막이 서곡과 함께 시작되고 달빛 눈을 가진 젤리클 고양이의 노래가 발랄한 춤과 함께 이어진다.

　원작에는 없는 사회자 고양이(남)가 등장하여 고양이에겐 세 개의 이름이 있다는 것을 알린 후, 고양이들을 차례로 소개한다. 첫 번째는 온종일 잠만 자는 느림보 제니애니도츠(여), 두 번째는 인기 좋고 유별난 럼텀 터거(남)…. 그때 그리자벨라(여)가 나타나는데 그녀는 원작 출판 때는 삭제되었다. 어린이들에게 적합한 인물이 아니라는 이유로. 그녀는 한때 창녀였으나 아직도 매혹적인 고양이다. 그리고 뚱뚱한 부자 고양이 버스토퍼 존스(남), 악당 고양이 맥캐버티(남), 소란을 잘 피우는 고양이 한 쌍 몽고제리(남)와 럼플티저(여), 선지자 고양이 올드 듀터로노미(남)…. 그리고 이어지는 고양이들의 축제.

제 2막에서는 극장고양이 (아스파라) 거스 (남)가 등장한다. 그 다음 철도역 기차 고양이 스킴블샹크스(남), 마술사 미스터 미스토펠리스(남). 악당 맥캐버티의 납치 극사건 후, 그리자벨라가 나타나 '메모리'를 애잔하게 부르며 새 삶의 시작을 꿈꾸자, 등 돌렸던 고양이들이 그녀를 수용한다. 올드 듀터로노미는 그녀를 마법의 타이어에 태워 하늘로 승천시키고 고양이들의 축제는 막을 내린다.

이 뮤지컬의 등장인물은 24명으로 원작보다 훨씬 많고 배역도 29명이나 되었다. 무대는 '고양이들을 위한 거대한 놀이터'로 꾸며졌으며 배우들이 깜짝 연기를 할 수 있는 어둠 속에 숨겨진 구멍이 이곳저곳에 만들어져 있었다. 그래서 인간 고양이들이 수시로 그 구멍을 들락거려서 관객을 놀라게 했다. 그뿐 아니라 공연 도중 출연자 고양이들이 관람석까지 내려와서 악수와 스킨십까지 무료봉사해 주었다.

고맙지만 그들이 무척 애처로워 보였다. 그냥 서서 노래 부르는 것도 어려울 텐데 춤추고 기어 다니고, 계단을 오르내리고 구멍을

드나들고 활처럼 구부리고 뒹굴고…. 아니나 다를까 그들의 가뿐 숨소리가 들렸고 크게 뛰는 가슴의 율동과 이마의 땀방울이 보였다. 온몸으로 고양이를 연기하는 것이 얼마나 힘든 일인가? 예술이란 그러한 땀방울 속에서 완성되는 것일 테지만. 앞좌석에 앉게 된 것이 다행이었던 것 같다. 가까이서 예술가들의 가치 있는 땀방울을 보았으니. 만약 뒷좌석에 앉았더라면 기립 박수만 열심히 쳐서 경의를 표했을 것이다.

원작자 T. S. 엘리엇(Thomas Stearns Eliot)의 미망인 발레리 엘리엇에 의하면, T. S. 엘리엇이 그의 시에서 많은 것을 고양이에 비유했다고 한다. 그리고 그의 대자, 대녀들을 즐겁게 해주기 위해 여러 고양이에 관한 얘기를 편지에 써서 보냈고, 원작에 발표되지 않은 시 '매혹적인 고양이' 그리자벨라는 어린이들이 읽기엔 그녀의 삶이 너무 슬프다고 생각했기 때문에 마지막 8행만 사용했다고 한다.

《캐츠》는 1982년 첫 공연 이후 지금까지 지구촌에서 가장 인기 있는 뮤지컬이 되었다. 원제목은 〈*Old Possum's Book of Practical Cats*〉인데, '노련한 고양이에 관한 늙은 주머니쥐의 책' 또는 '지혜로운 고양이가 되는 지침서'라고도 번역되었다. 이 우화 시집에서는 고양이의 세계 즉 인간들이 갈등과 분열 속의 삶으로부터 화해와 사랑 속에 서로 포용하며 살아가게 되는 삶의 과정을 보여 주고 있다.

어쨌든 한여름 달밤에 환상여행을 다녀 온 느낌이었다. 공연장에서 흩어져 나와 내가 가장 먼저 한 일은 레스트 룸에 가서 '손 씻는 일'이었다. 결벽이 있어서라기보다 땅바닥을 휩쓸고 다녀서 먼지가 잔뜩 묻은 고양이 손과 악수를 했기 때문이었다.

2

고양이를 주제로 한 작품은 꽤 많다. 《캐츠》에서 악당 수고양이 그라울타이거가 공포감을 준 것은 한쪽 귀도 없고 애꾸눈인데다가 성격이 사납고 항상 세상을 째려보았기 때문이었다. 에드가 앨런 포의 《검정고양이》도 외눈박이였다. 그 애꾸눈 검정고양이가 주인의 운명을 바꿔 놓은 것이었다. 필자가 첫 번째 '고양이 이야기'에서 맨 처음 언급한 그 끔찍한 짐승은 악을 악으로 갚았었다.

그런데 고양이 중에서도 여왕처럼 도도하고 여우처럼 영리한 고양이가 있다. 그것은 루드야드 키플링의 《바로 그이야기들》('왜?'라고 묻는 딸을 위해 쓴) 중 아홉 번째 이야기인 '혼자 돌아다니는 고양이'다. 이 작품을 각색하여 만든 뮤지컬이 로저 린드 감독의 〈고양이는 왜 혼자 다닐까?〉(2007. 6월에 공연됨) 이다.

야생동물 중에서도 특히 고양이는 도도하므로 어떤 유혹이나 마술에도 잘 넘어가지 않는다. 키플링의 이야기 속의 고양이는 매우 영리해서 여자가 사는 동굴에 들어 갈 수 있었고 따뜻한 모닥불 옆에 앉아 하얀 우유를 하루 세 번 먹을 수 있게 되었다. 그렇게 할 수 있었던 것은 그 여자와 3가지 약속한 것을 지킬 때 즉 고양이가 잘한 일에 대한 3가지 칭찬을 받을 때 가능했다. 고양이가 잘해서 3번 칭찬 받은 것은 우는 아기 뺨을 자기 앞발로 톡톡 두드려서 웃긴 것, 다시 악쓰고 우는 아기를 고양이가 재주를 부려서 깔깔 웃게 하고 자장가를 불러서 잠들게 한 것, 그리고 여자가 두려워하는 생쥐를 고양이가 달려가 단숨에 잡아먹어 준 것이었다.

내가 가장 궁금했던 것은 '고양이는 왜 혼자 다닐까?'에 대한 대답이었다. 그러나 그 답은 의외로 그리 특별하지도 않고 간단했다. '야생의 본능'에 따라 그럴 뿐이라고 한다. 고양이가 축축한 숲을 좋아하고 나무와 지붕 위로 잘 올라가며 친한 척하고 꼬리를 흔들고, 사람의 발에 자기 머리를 비비는 것 모두가 그 동물의 본성이 그렇기 때문이라고 한다.

고양이들은 이처럼 자기 고집대로 본성대로 살아간다. 고양이의 본성에 관한 얘기는 이솝우화에도 나온다. 다음의 이야기는 〈속일 수 없는 본능〉이라는 우화다.

옛날에 고양이 한 마리가 잘 생긴 한 청년에게 반해서 아프로디테 여신에게 자신을 인간으로 바꾸어 달라고 간청하였다. 여신은 고양이의 가엾은 사정을 불쌍히 여겨 고양이를 한 아름다운 처녀로 변장해 주었다. 그리하여 그 젊은이는 소녀를 보자마자 사랑에 빠지게 되었고 마침내 아내로 삼기 위해 그의 집으로 데려갔다. 그들이 침실에서 쉬고 있는 사이에, 아프로디테 여신은 고양이의 본능이 현재의 모습에 따라 변했는지 알고 싶어 한 나머지 그 소녀의 앞에 쥐 한 마리를 풀어 놓았다. 소녀는 자기가 어디에 있는지 깜빡 잊어버리고 침대에서 뛰어 오르더니 쥐를 잡아먹기 위하여 그 뒤를 쫓았다. 그러자 화가 난 여신은 소녀를 원래의 모습으로 되돌려 놓았다.

미국의 여류극작가 조 쿠더트는 뉴저지 주의 전원 저택에 살면서 《일곱 마리 고양이가 들려주는 삶의 지혜》를 썼다. 일곱 마리의 고양이는 모두 이름이 있었고 성격도 가지각색이었는데 작가는 그들을 기르며 여러 가지 교훈을 얻었다고 한다. 파피에게서 '자신을 알라'는 교훈을, 체스터에게서 '자신을 인정하라'는 교훈을, 삭시에게서 '절제'를, 트롯에게서 '자신을 소중히 여기라'는 교훈을, 스위트 윌리엄에게서 '자신과 끊임없는 대화를 나눠라'는 교훈을, 케이트로부터 '자신으로서 살아가라'는 교훈을, 비티로부터 '사랑과 친절'을 ….

그리고 삶에 대해 고양이들에게서 많은 것을 배웠듯, 죽음에 대해서도 가치 있는 배움을 얻었고, 무엇보다도 늙어가고 죽어가는 것이 자연스럽다는 사실 그리고 죽음을 맞는 태도 역시 인격에 상응한다는 사실을 그들로부터 배웠다고 한다.

그녀는 또한 마지막 장의 마지막 구절을 이렇게 끝맺음하고 있다. "실패에 부딪히면 고양이들을 돌아보라. 무릎 위에서 갸르릉 거리는 몸뚱이와 손 밑에 닿는 부드러운 털의 감촉만큼 이 세상에서 위안을 주는 그 무엇은 없다."

3

한참 전 단독주택에 살 때 우리 집에서도 고양이를 키운 적이 있다. 시골 장터에서 아기 고양이를 구해다가 기르면 잘 따르고 집고양이가 된다. 어릴 때는 무척 귀엽고 어떻게 주인을 알아보는지 신통하기까지 했다. 내 차가 대문 앞에 나타나면 어느새 담 위에 올라와 곱게 야옹거리며 환영 인사를 하곤 했다. 내가 그들을 쓰다듬고 목욕이라도 시키고 귀여워하면 시샘 많은 어린 외동딸은 "나는 목욕도 안 시켜 주면서 고양이만 예뻐한다"고 불평을 하기도 했다.

그리고 조 쿠더트가 자기 고양이에게서 받은 느낌, '갸르릉 거리는 몸과 손 밑에 닿는 부드러운 털의 감촉'에서 위안을 받았다는 그

느낌이 내게도 실감으로 다가온 것이다. 그들의 보드랍고 따뜻한 체온은 항상 마음의 안정을 가져다주곤 했다.

고양이들은 그들의 본성대로 천방지축 까불고 쏘다닌다. 우리 집 갈색 얼룩고양이도 예외는 아닌데 이상하게도 한동안 안보였다. 지하실에 일이 있어 내려가 보니, 사과상자 안에서 새끼고양이를 낳아 젖을 물리고 있었다. 얌전하고 의젓하게. 정말 자연이란 신비스럽다. 이 세상 온갖 생물들은 어떻게든 자기 새끼를 낳아서 보호하고 돌본다. 그것도 모든 생물의 본성인가 보다.

그런데 고양이도 나이가 들면 사람처럼 고집이 세어지고 말을 안 들으며 멋대로 한다. 자꾸 담 넘어 남의 집에 가서 쓰레기통을 뒤엎고 봉투를 찢어 놓고 소란을 피웠다. 꼭 《캐츠》의 '몽고 제리와 럼플티저'처럼. 동네사람들의 원성이 높아 결국은 고양이 기르는 것을 포기해야겠다고 생각하기에 이르렀다. 그 순간 장 그르니에의 《섬》에 등장하는 '고양이 물루'를 안락사시키는 장면이 내 머릿속에 스쳤다.

고양이는 이미 내 생각을 알아차리고 있었다. 지하실에 들어가 도사리고 안 나오며 앙칼지게 앞발질만 했다. 그리곤 그 후 가출해서 종적을 감추었다.

최근에 성인이 된 그 외동딸이 일본 여행에서 돌아올 때 선물을 하나 사왔다. "고양이 인형보고 엄마 생각나서 샀다"라고 말하면서

배 부위에 손을 대었다. 그러자 "야아옹, 야아옹, 야아옹"하고 맑고 분명하게 고양이 소리가 났다. 그 인형은 한 덩어리인데 고양이가 두 마리였다. 온통 흰털로 된 고양이가 새끼 고양이를 안고 누워서 눈 감은 채 함께 잠자고 있는 것이다. 아주 크지도 않고 얼마나 귀엽고 앙증스러운지 마음에 들었다.

하루는 내가 그릇을 마룻바닥에 떨어뜨려 쨍그렁 소리를 냈다. 곧 바로 거실에 있는 그 고양이 인형이 "야아옹, 야아옹, 야아옹"하고 세 번 소리를 내며 경고를 하는 것이었다. 마치 "잠자고 있는데 시끄러워요"하는 듯이 …. 손으로 만져야만 소리를 내는 줄 알고 있었는데 얼마나 희한한 일인가? 몸은 살아 있는 고양이가 아닌데 귀와 목소리가 살아 있는 것이다.

나는 이 '고양이 인형'을 거실 케이블 TV 컨버터 위에 올려놓았다. 고양이 자리로 안성맞춤이었다. 그 위는 항상 따뜻했으니까. 옛날 시골 고양이들이 따뜻한 부뚜막에서 잠자는 것을 좋아했던 기억을 되살린 것이다.

그런데 방문객들이 오면 신기해서 만져보고 갖고 싶어 했다. 결국 그 고양이 인형을 내 방으로 옮겨다 놓았다. 누구에게도 빼앗기지 않으려고.

내가 고양이에 대해 확실하게 말할 수 있는 것은 작품에서나 실제에서나 "고양이는 과연 영리하구나"라는 것이다. 그들이 아무리 재롱을 떨고 유연하고 끈끈하게 사람에게 접근해도 항상 상대방에 대한 경계심을 잊지 않는다. 사람을 백퍼센트 믿지 않는 것이다.

고양이는 특히 달이 하늘 높이 떠오르는 밤이면 호젓하게 홀로 돌아다닌다. 밤에 눈이 더 밝아져서 낮이건 밤이건 모든 장소가 그들에겐 똑같기 때문이다. 고양이들은 타고난 무기와 날렵함이 있어서 혼자 다녀도 두려울 것이 없다.

그래서일까? 키플링은 〈혼자 돌아다니는 고양이〉의 맨 끝장에서 도도한 고양이의 본성을 다시 한 번 강조해 준다. "고양이들이 평소에 꼬리를 흔들고 머리를 사람의 무릎에 대고 비비면서 '좋아하는 척, 친한 척' 하지만, 사람들이 잠자리에 들고 달이 떠오르면 밖으로 달려 나가서 아침 해가 밝을 때까지 절대로 들어오지 않는다. 강아지 빙키는 밤새 내 곁에서 함께 코를 골고 잠을 자는데 …."

사람들은 바둥거리며 코피를 쏟고 산다. 자아실현을 하고 새로운 변화를 추구하기 위해 저 높은 곳을 향하여 앞만 보고 달려간다. 그러한 인간들에게 애완동물들은 위안을 준다. 그들이 살아 있어서 따뜻한 체온을 전해 줄 때는 물론이고, 살아 숨 쉬지 않는 인형이라 할지라도 그렇다. 그들이 주는 이미지는 복잡하지 않고 단순하다. 그들은 본성대로 자연스럽게 산다. 그러면서 치열한 삶을 살아야 하는 인간에게 더없는 휴식을 안겨 준다.

유난히 달빛을 닮은 고양이들의 보석 같은 눈은 태고의 전설을
암시하듯 신비로움을 안겨 준다.

집시의 달

1

　사람들은 청년일 때 꿈을 키우며 살아가고, 노년에는 추억을 먹고 살아간다. 그것은 부정할 수 없는 진리다. 아무리 강건한 사람일지라도, 살아갈 날보다 살아온 나날이 더 많기 때문일 것이다. 또 옛날 얘기한다고 지겨워할지 몰라도 현재란 과거 위에 존재하니까 별수 없다. 그래서 누구나 기성세대를 흉보면서도 닮아 가는 것이다.

　내가 중학생일 때는 인성교육을 철저히 받았으며 특별활동도 다양하고 밀도 있게 했다. 노래는 잘 못 불렀지만 합창대회 때는 지휘자 노릇도 했고 문학과 그림 그리고 서예에도 관심이 많았다. 그리고 봉사활동도 했다. 걸 스카우트 반에도 들어서 1일 1선을 실천하고 항상 '준비 되어 있는 자세'를 갖추는 것도 그때 배운 것이다.

중학교 3학년 여름방학 때 한국 걸 스카우트총연맹에서 주최하는 수련회(Camping)가 광나루 캠프장에서 있었다. 그 당시는 매듭법과 인공호흡이 엄청 어렵게 느껴졌다. 그런대로 열심히 해서 수련회를 무사히 마쳤는데, 그때 잊지 못할 추억이 하나 있다.

우리 캠프에는 서로 다른 학교의 여중생 2명, 여고생 2명이 함께 생활을 했다. 마지막 날 우리는 캠(프) 파이어(Camp Fire)까지 마치고 돌아와서 언니들을 기다렸는데 밤 12시가 다 되어도 오지 않았다. 여중생 둘은 잠도 안 오고해서 텐트 밖으로 나가 언니들을 찾아보았다. 모닥불 앞에 아직도 고등학생 언니들이 남아서 노래를 부르고 있었다. 가운데서 누가 춤을 추고 있었다. 가까이 가서 보니 휘영청 밝은 달빛에 드러난 이는 우리 캠프의 은혜언니였다.

은혜 언니는 '헝가리 무희'처럼 유연하게 춤을 추었다. 하얀 달빛 아래서 다른 언니들은 '집시의 달'이라는 노래를 부르고 있었다. 그땐 참 아름답고 요정 같다고만 생각되었는데, 지금 생각해 보면 그 자태가 영화 '노트르담의 꼽추'(Notre-Dame de Paris)에서 에스메랄다 역을 연기하는 지나 롤로브리지다와 흡사했다. 요즘 이효리의 춤과 같다고 할까. 은혜언니는 '장기자랑'시간에는 각국의 민속춤을 몸으로 보여 주었다. 언니가 '인도 춤'을 소개할 때는 정말 신비로웠다.

　어쨌든 나는 그날 밤 언니가 너무도 감탄스럽고 존경스러워서 언니와 손을 꼭 잡고 잤다. 그 후 학교에 돌아와서도 몇 차례 편지를 주고받은 적이 있었다. 내가 대학에 들어가서 비로소 그때 언니들이 불렀던 노래가 사라사테의 '지고이네르바이젠'이라는 것을 알았다. 사라사테의 바이올린 독주곡 제2부, 섬세하고 애조 띤 곡에 가사를 붙여 편곡하여 부른 노래라는 것을….

　그런데 지금은 아무리 옛 기억을 더듬어도 정확한 가사는 떠오르지 않는다. 딱 한번 들은 내 기억으로는. 그래서 세계애창 가곡집을 세밀히 살펴봐도 악보와 가사는 없었다. 정시스터즈*의 앨범 제1집에 수록된 노래(가사) 이외는….

　이 노랫말은 그 당시 언니들이 불렀던 것과 똑같지는 않지만 아쉬운 대로 적어본다.

　　　　1. 달이여 집시의 달이여
　　　　　　외로운 내 사랑 달이여
　　　　　　쓸쓸한 내 마음 적시니
　　　　　　한 많은 집시의 달이여

　　　　2. 달이여 집시의 달이여

---

* 정시스터즈: 1960년대 중반에 활동했던 친자매로 구성된 듀엣.

애달픈 내 마음 적시며
사막을 너 홀로 비춰니
쓸쓸한 집시의 달이여

　지금도 달빛이 교교히 흐르는 밤엔 이백(李白)보다도 은혜언니 생각
이 먼저 난다. 언니가 그립다.

2

　그런데 왜 달빛은 신비로운 걸까? 그리고 왜 달 밝은 밤에는 로
맨스도 잘 이루어질까? 아름다운 그림 한 폭 같은 《메밀꽃 필 무
렵》(이효석, 1936년)의 달빛 속에 빠져 보자.

　… 뒤에도 처음에도 없는 단 한 번의 괴이한 인연! 봉평에 다니기 시
작한 젊은 시절의 일이었으나 그것을 생각할 적만은 그도 산 보람을
느꼈다.
　"달밤이었으나 어떻게 해서 그렇게 되었는지 …." 허생원은 오늘 밤
도 또 그이야기를 끄집어내려는 것이다. … "달밤엔 그런 얘기가 격에
맞거든." 조선달은 매번 이렇게 맞장구를 쳐 줬다. … 보름을 갓 지난
달은 부드러운 빛을 흐뭇이 흘리고 있다. … 고요 속에 달의 숨소리가

손에 잡힐 듯이 들리며, … 잎새가 한층 달에 푸르게 젖었다. 산허리
는 온통 메밀밭이어서 피기 시작한 꽃이 소금을 뿌린 듯이 흐뭇한 달
빛에 숨이 막힐 지경이다. "장 선 꼭 이런 날 밤이었네, 밤중에 혼자
개울가에 목욕하러 나갔지. … 달이 너무도 밝은 까닭에 옷을 벗으러
물방앗간으로 들어가지 않았나. 거기서 성서방네 처녀와 마주쳤단 말
이네. … 팔자에 있었나 부지. … 첫날밤이 마지막 밤이었지 ….""…
거꾸러질 때까지 이 길 걷고 저 달 볼 테야."

이 글은 작가가 29세에 쓴 순수하고 투명한 영혼이 깃들어 있는
8쪽짜리 이야기다. 마지막 부분에서 자기 아들일지도 모르는 '동
이'(왼손잡이)라는 청년의 탐탁하고 따뜻한 등에 업혀 개울을 건넜
는데, 허생원은 좀 더 업혔으면 하고 생각했다. 이것은 그가 인간
의 따뜻한 정을 그리워하는 일면을 보여 준다.

그리고 끝 대목에서 "오랜만에 제천에 가보고 싶어. 동행하려나.
동이?"라는 대화는 첫사랑과의 극적인 해후를 갈망하는 그의 마음
을 나타내 준다. 20여 년 전의 과거와 현재를 '달밤'이라는 운명적
연결 고리로 그들의 인연은 새록새록 맺어지는 것이다.

하얀 달과 달빛, 하얀 메밀밭과 꽃 그리고 떠돌이, 장돌뱅이 허생원
의 20여 년 전의 로맨스. 나는 이 글을 읽으면서 그와 달이야말로 '집
시의 달'이었구나 하고 생각했다. 내가 이 디지털시대에 살면서 달을
보고 50여 년 전 '학창시절의 달'을 떠올리고 그 '집시의 노래'와 언

니를 그리워하는 것과 같은 맥락이 아닐까? 모든 인간은 접시일지 모른다. 맞아. 모든 이의 달, '접시의 달.'

 달이야말로 인간으로 하여금 꿈꾸게 하고, 우러러보게 하고, 울게 하고, 하소연하게 하고, 다짐하게 하고, 정직해지게 한다. 또한 사람들이 그래도 이만한 것은 흐뭇하게 쏟아지는 달빛으로 끊임없이 그들의 영혼을 목욕시키면서 살고 있기 때문일 것이다.

친구 되어 주기

1

겨울 방학도 끝나고 매서운 추위도 물러간 2월 중순, 한 친척 여동생에게서 상의할 일이 있다고 전화가 왔다. 한참 격조했던 터라 반갑고 궁금했다. 그녀는 다급한 일이 있는지 학교로 오겠다고 했다.

그날은 한 학년을 마감하는 학생들의 종업식이 있는 날인 동시에, 내가 교직 생활을 은퇴하는 날이기도 했다. 2월 말일자로 퇴임하는 교사는 나를 포함해 3명이 있었다. 퇴임교사들은 '퇴임식'을 사양하고 종업식을 할 때, 딱딱하고 번잡스런 절차를 생략하고 학생들에게 인사만하기로 했다.

종업식을 하면서 나는 간단히 훈화를 했다. 알퐁스 도데의 《마지막 수업》 얘기로 시작했다.

"… 목표를 향해 꾸준히 땀 흘리는 사람이 되십시오. 지성(知性)은 물론 좋은 인간성과 바른 예절을 지니도록 노력하십시오. … 여러분이 졸업하여 훗날 사회인이 되더라도 여러분의 영혼이 따뜻했던 이 교정과 선생님을 잊지 마십시오. 저도 여러분을 잊지 않겠습니다. 여러분과 함께 한 시간동안 참 행복했습니다."

나의 마지막 훈화를 마칠 때는 목이 잠기고 눈물이 솟아올랐다. 누구든 천직을 마감하는 자리에서 감회에 젖어 마음이 약해지는 것이 상정(常情)인가 보다. 그러나 눈물을 감췄다.

종업식이 끝났을 때, 아침에 전화했던 그 친척 여동생이 학교로 나를 찾아 왔다. 그때가 점심시간이라 함께 교내식당으로 갔다. 식당에는 선생님들과 학부모 몇 분이 와 계셨다. 벽에는 '축 송공' 플래카드가 부착되어 있었다. 이 학교에서의 마지막 점심식사를 하는 동안, 한 남학생이 바이올린으로 '스승의 은혜' 곡을 켰고, 한 여학생은 피아노로 아름다운 쇼팽의 《이별의 곡》을 연주했다. 이윽고 남녀 교사들이 모두 앞에 나가 《노래의 날개 위에》(멘델스존)와 《희망의 속삭임》(호손) 등을 불렀다. 그 바쁜 중에 언제 연습을 했는지 화음도 잘 맞았다. 이 갑작스런 축하 퍼포먼스에 나는 뭐라 감사해야 할지 몰랐다. 다만 그들과 손잡고 잠시 감회에 젖어 있었다. 그 여동생은 딴 나라에서 온 이방인처럼 이런 광경을 신기한 듯 바라보았다. 식당을 나오면서 내가 그녀에게 말했다.

“참 조촐하고 검소한 송별연이지?”

한때 문화관광부에서 근무한 경험이 있는 그녀가 대답했다.

“제가 보기엔 퍽 정성어린 극진한 환송연이네요. 아니, 성대한 자리라고 생각되네요. 일반 공무원 은퇴 시는 그런 자리도 없어요. 아무리 고위직이라도….”

“참, 상의할 일이 있다고 했지? 뭐야? 궁금한데.”

“제가 재혼을 하게 되었어요. 다음 주에. 그리고 바로 새 남편과 함께 캐나다로 가게 되었어요.”

“그 것, 참 잘된 일이네. 축하해.”

“그런데, 문제가 있어요.”

“문제라니?”

“은정이요. 제 딸은 가기를 원치 않아요. 재혼하게 된 후부터 저를 증오해요.”

“은정이가 몇 학년이지?”

“신학기에 고등학생이 됩니다.”

“벌써 그렇게 됐군. 어릴 때 보고 한참 못 봤으니….”

“그래서 부탁드립니다. 은정이를 맡아 주세요. 당분간. 언니도 혼자니까 은정이가 있으면 덜 적적하실 거고, 은정이도 배울 점이 많아 좋을 거고, 저도 마음이 한결 가벼워질 것 같아요.”

“그래. ‘누구와 함께 있는 것’은 어려운 일이면서 즐거운 일이지.

좋아. 당분간 같이 살지 뭐.”

“예, 당분간만. 고마워요, 언니.”

2

 마침 옥상에 방이 하나 비어 있었으므로 그 방을 쓰도록 하였다.
은정이는 말이 없고 요즘 애들 같지 않게 조용하고 청초해 보였다.
그녀를 볼 때마다 꼭 나의 여고시절 모습을 보는 듯했고 나의 학창
시절을 회상하게 했다. 그녀는 TV도 안보고 항상 손에서 책을 놓
지 않고 독서하는 것이 맘에 들었다.
 나는 교직을 은퇴한 후, 그 동안 미루어 놓은 일들이 많아서 안팎
으로 분주했다. 매번 불참하던 동창 모임에도 나가고, 사다가 잔뜩
쌓아놓은 책들도 읽어야 하고, 운동도 해야 하고, 여행도 해야 하
고, 교양강좌도 들으러 가야하고, 신앙생활도 기본은 해야 하고 ….
그러던 어느 일요일 점심식사를 하던 중 은정이가 내게 물었다.
 “이모, ‘엘비라 마디간’이란 영화 보셨어요?”
 “봤어. 참 아름다운 영화지. 모차르트의 피아노 협주곡이 백 뮤
직 (*back music*) 으로 흘러나오잖아?”
 “맞아요. 그런데, 그 영화 마지막 장면 기억하세요?”

146

“기억하고말고. 남녀 두 주인공이 화창한 날 소풍 나가 큰 나무 아래서 권총으로 생을 마감하는 장면. 그 장면은 르누아르의 그림 한 폭 같다고 생각했었지. 넌 어떻게 봤니?”

“저도 참 인상 깊게 봤어요.”

“참, 저기 ‘엘비라 마디간’ CD가 있으니 들어 보렴. 공부하는 틈 틈이 음악도 들어야지.”

3

 그리고 3주가 후딱 지나갔다. 옥상 방 은정이는 학교 갈 시간이 다 되었는데도 내려오지 않았다. 그날도 모임이 있어서 외출 준비 를 하고 있는데 이상하게 신경이 쓰여서 올라가 보았다. 문이 잠겨 있었고 불러도 대꾸가 없었다. 비상키를 가져다가 문을 열었다. 나 는 좀 못마땅한 어조로 말했다.

“은정아, 어서 일어나. 웬 늦잠이야! 학교 안가니?”

그녀는 침대위에 누워 눈을 감은 채 꼼짝 않고 있었다. 책상 위 에 약병이 보였다. 책 한 권이 보였다. 그것은 모파상의 단편소설 집(염세주의가 곳곳에 깔려있는)이었다. 《올리브나무 숲》의 빌브와 신부의 자살. 그리고 《잠으로 이끄는 여인》에서는 생(生)에 절망한 사람을 방향(芳香) 속에 미소 지으며 죽음의 잠으로 빠지도록 이끌고 있지 않은가? 모파상 자신도 그러한 죽음의 집념 속에 면도날로 자살을 기도하여 결국 생을 마쳤다.

나는 뒤통수를 맞은 듯 망연히 서 있다가 정신을 가다듬고 보니, 컴퓨터에 불이 켜져 있었고 글씨가 보였다.

"나는 아빠도 없고, 이제 엄마도 없다. 친구도 없고, 이 세상에 나 혼자뿐이다. 이 답답한 가슴을 터놓고 얘기할 사람도 없다. 매일 골치가 욱신욱신 아프다. 반 친구들, 선생님들 모두가 바쁘기만 하다. 나는 외톨이다. 저 세상에 계신 아빠의 모습이 눈에 생생하고, 아빠의 음성이 귀에 쟁쟁하다. 그래, 아빠에게 내 소원을 말해야지. 내 말에 귀 기울이실 아빠에게 ….."

119를 부를까 하다가 그만두었다. 소란을 피워 여러 사람에게 상처를 주고 싶지 않았다. 축 늘어진 은정이를 등에 업어다 차에 태웠다. 다행히도 체중이 가벼웠다. 서둘러 병원 응급실로 안내되어 진료를 받기 시작했다. 응급진료실 밖에서 기다리는 시간은 무던히도 길게 느껴졌다. 마치 기차가 암흑 속에 긴 터널을 느리게 지나가는 것 같았다.

4

　자살—. 소설이나 드라마 그리고 매스컴에서 전달되어지는 사회
적 사실로만 알아왔는데 이렇게 내 주변 가까이서, 내 곁에서 일어
날 줄이야…. 불현듯 최근 자살에 대한 기사들이 주마등처럼 머리
에 떠오른다.

　대 그룹회장, 사장, 시장, 지사 등 유명 인사와 운동선수, 연예인의
투신자살. 그들의 자살은 그것을 일반사회에 전염시켜 문제가 된다.
자살의 전염성은 '인간에게는 죽음의 본능이 있다'는 프로이드의 주장
에서 비롯된다. 통계청 자료(2005년)에 의하면 '목숨을 끊는 한국인'
이 OECD(경제협력개발기구) 회원국 중 인구 10만 명당 자살인구수
가 24.7명으로 제1위를 기록했다. 하루 평균 33~36명이 스스로 목숨
을 끊는 셈이다. … 자살은 아동후기부터 노년에 이르기까지 전 생애
에 걸쳐 나타난다. 특히 청소년기의 연령(15~19, 24세)에서 가장 발
생률이 높은 치명적이고 파괴적인 행위다. 청소년 10만 명당 사망률
은 운수사고 12.3명에 이어, 자살이 8.2명으로 두 번째로 높았다. …
자살의 충동은 여학생이 남학생보다 비율이 높으나 실제로 자살하는
비율은 남학생이 더 높은 것으로 나타나 있다. 자살의 이유도 다양하
다. 키가 작은 것을 비관하여, 정신적 갈등이나 고통을 피하려고, 입
시에 대한 강박감과 이성 문제로 충격을 받아서, 또는 왕따 등으로
우울증이 심하여 … 등등.

그런데 은정이는? 그날 은정이가 영화 '엘비라 마디간'에 대해 물었을 때, 아름다운 영화라고 미화시킨 것이 후회스럽다. 내 말은 두 주인공이 권총 자살하는 장면을 아름답다고 한 것은 아니었다. 전체적으로 아름다운 영화였으나, 두 남녀가 자살하는 것은 타당치 않다고 말해 줬어야 했다.

그리고 내 딸에게 이르듯이 단호하게 "너는 자살 같은 것은 꿈도 꾸지 말아야 돼. 그것은 죄악이야. 10계명 중 5계(사람을 죽이지 말라.)를 어기고 하느님의 권위를 침해하는 부당한 행위다. 자살도 살인이다."라고 말해 주지 않은 것이 한탄스럽다.

5

내가 근무하던 중학교에서 2학년 남학생이 자살했던 기억이 떠오른다. 부모가 "공부 안 하고 만화책만 보느냐?"고 꾸짖자 집 근처 뒷동산에 올라가 나무에 목매어 목숨을 끊었다. 밤이 깊어도 학생이 집에 돌아오지 않았는데 순찰중인 경찰에게 발견되었다. 병원 영안실에서 그 학생 모친이 내 손을 붙들고 울며 말했다.

"선생님, 저희가 수철이를 죽였어요. 저희가 죽였어요. … ."
수철이 부친이 자주 매를 들었던 것도 죽음의 원인이 되었던 것 같다.

돌이켜 보면, 교육현장에서 가장 마음 아팠던 일은 갑작스런 학생의 죽음과 거의 죽을 지경으로 다쳤던 일들이었다. 그 죽음이 자살이거나 자신의 부주의로 난 상처인 경우도 있지만 타인에 의해 당한 죽음이나 큰 상처는 학교나 학부모에게 더 큰 괴로움과 문제를 초래한다. 그래서 평소는 물론 무슨 행사 때면 '안전지도교육'을 교사들이 얼마나 철저히 해 왔는지 학교 밖의 사람들은 모른다.

그런데도 사고가 잦았다. 남학생인 경우 쉬는 시간이나 점심시간에 장난치다가 치아가 부러지거나 눈을 찔리는 경우가 자주 있었다.

어느 화창한 4월 그 아름다운 계절에 반비례하여 동네 뒷산에서 여학생 7, 8명이 한 여학생을 집단폭행하여 사경을 헤매게 되었다. 폭행당한 여학생이 입원하여 치료중인데 그 가족들이 몰려와서 이런 말을 한 적이 있다.

"그 못된 것들이 우리 영아를 벌레 굴리듯 땅바닥에 굴리고 배를 발로 차고 짓밟았다고 합니다. 보이는 곳은 치료하여 회복된다 해도 이로 인해 훗날 이 아이가 불임(不姙)이 된다면 어찌합니까?"

이 소리를 들으니 내가 그 부모인 듯 눈앞이 캄캄해졌다. 정말 그렇게 될지도 모르니 무서운 일이었다. 어찌할 도리가 없었다. 우리 모두가 교육을 보다 잘 시키지 못한 탓과 책임을 누구에게 돌려야 한단 말인가? 교육자로서 자괴감만 커질 뿐이었다.

온 교사가 그처럼 인성교육에 힘쓰고 목사나 신부님이 설교나 강론하듯 선생님들이 아무리 감동어린 훈화를 해도 악의 뿌리는 사라지지 않았다. 한 학교에서 폭행을 가한 학생들은 처벌을 받고 다른 학교로 전학을 간다. 그러면 새 학교에 가서 또 반복하여 일을 저지른다. 악의 순환이 계속된다. 화초의 상한 가지를 잘라 주면 새싹이 돋아 곱고 성한 가지가 되는 것이 자연의 섭리가 아닐까? 그런데 한 길 인간의 마음은 아직도 알 수 없는 연구과제다.

6

불안과 초조 속에 기다리던 응급진료실 문이 열리고 의사선생님이 나오셨다. 내가 벌떡 일어나 눈으로 간절히 묻는 것을 알아차리고 말씀하셨다. "곧장 병원에 오셔서 다행히 생명에 지장이 없겠습니다. 위세척을 했으니 곧 깨어 날겁니다."

나는 안도의 한숨을 몰아쉬었다. 하느님, 수호천사님, 감사합니다. 위기에서 은정이를 구해주셔서. 은정이는 그날 오후 의식을 되찾았다. 얼굴이 창백했으나 거의 정상으로 돌아온 듯했다. 지켜보던 내가 물었다.

"은정아, 좀 어떠니?"

“머리가 아파요. 정신은 또렷한데.”

“피곤하면 눈감고 쉬는 게 어떠니?”

“안 피곤해요. 이모, 꿈속에서 아빠를 만났어요. 그런데 내가 말을 하려고 하자 안개 속으로 사라져버렸어요.”

환자는 입원실로 옮겨졌다. 넓고 호젓한 입원실에는 그녀와 나 뿐이었다.

나는 애초부터 궁금했던 것을 물었다.

“은정아, 아빠에게 하고 싶었던 말을 내게 해봐. 이젠 내가 널 돌보고 있으니 보호자도 되고 친구도 되어 줄게. 뭐든지 내게 하소연해. 나 시간 많다. 너도 알잖아. 이젠 내가 백조라는 것.”

“정말 이모가 내 친구가 되어줄 수 있어요?”

“물론이야. 인디언 격언에 ‘친구란 나의 슬픔을 대신 지고 가는 사람’이란 말이 있단다. 서로 이해하고 슬픔과 고민을 함께 나누는 진정한 친구가 있는 사람은 누구보다도 행복한 사람이지.”

“아빠에게 하고 싶었던 말은 제 소원이었어요. 작은 소원은 밤새워 대화하는 것이고, 큰 소원은 시인이 되는 것인데….”

“어쩜, 내 소원도 바로 그건데. 친구와 함께 밤새도록 얘기하는 것. 우리 당장 오늘밤부터 시작하자. 쇠뿔도 단김에 빼랬잖아?”

“이모도 자살을 생각해본 적이 있어요?”

“있어. 이건 비밀인데 너한테만 털어 놓는 거야. 두 번 있었어.

한번은 미국연수 중 지하철 입구에 백 미터도 넘는 길고 경사진 에스컬레이터 위에서 갑자기 굴러 떨어져 버리고 싶은 충동이 일어났어. 또 한 번은 그랜드캐넌을 방문했을 때, 경비행기를 타고 협곡을 관광하는데 그 불가사의한 골짜기 아래로 떨어져 죽고 싶은 거야.”

　나는 말을 잠시 멈추고 그녀를 바라보았다. 피곤한 기색도 없이 열심히 듣고 있었다. 나는 말을 계속하였다.

　“나뿐 아니라 많은 사람들이 자살을 한 번 아니면 그 이상 생각해본 게 사실이야. 《데미안》의 작가 헤세는 15세에 수도원학교에서 나와 자살을 기도했고, 《연금술사》의 작가 코엘료도 17세에 부모는 엔지니어를 원했고 그 자신은 문학을 희망한 갈등 속에 죽음을 생각하기도 했단다.”

　“그런데 이모는 왜 자살하고 싶은 충동이 일어났어요?”

　“그건 내 잠재의식 속에 있었던 억눌린 감정이 튀어 나온 것이었지. 내 소녀 시절 꿈이 작가가 되는 것이었는데, 그 꿈을 못 이루었으니까.”

　“어쩜, 이모의 꿈이 저와 같지요?”

　“그게 바로 이심전심이다. 데미안과 싱클레어가 텔레파시가 통했던 것처럼. 나도 네게 질문할 게 있어. 네 마음의 갈등은 뭐니? 무엇이 널 힘들게 하니?”

　“저는 문리대에 가서 시인이 되고 싶은데 엄마는 의대를 원해서

154

이과를 선택했어요. 적성에 안 맞으니 공부하는 게 고역이에요. 그런데 엄마는 자신만의 행복을 찾아간 것 같아 더욱 미웠어요. 엄마가 이기주의자라고 생각되고 세상이 무의미해졌어요. 그럴 때 모파상의 소설을 읽었고요. 작품속의 그 여자처럼 잠들며 죽어가길 바랬어요."

이야기를 하는 동안에도 나는 불안감을 떨쳐버릴 수가 없었다. 첫 번째 자살을 시도했다가 실패한 청소년의 10%가 1년 이내에 자살을 재시도한다는 통계자료를 읽은 적이 있기 때문이다. 나중에 또 후회하지 않기 위해 다짐해 둘 절실한 필요와 의무가 있는 것이다.

"은정아, 너 단테의 《신곡》 읽어 봤니?"

"아니오. 아직 못 읽었어요. 베아트리체가 나오는 것은 알아요."

"그 책 〈지옥편〉을 보면 인간의 죄상에 따라 무시무시한 벌이 내려지거든. 인류에 대해 흉포한 행동을 가한 폭군이나 살인자들은 열탕(熱湯)과 같이 뒤끓는 빨간 피의 연못에서 신음하게 돼. 그리고 눈과 이마에까지 뜨거운 핏물이 튀겨져 목만 내놓고 고통에 시달린단다. 신의 율법에 배반하여 자살한 자는 험한 암석이 톱니처럼 솟아있는 유림(유령의 숲)에서 신음하게 된단다. 잎이 시들고 말라빠진 키 작은 나무는 전부가 자살자의 변신이야. 열매는 하나도 맺지 못하고 독(毒)가시만이 앙상한 숲에서 온몸이 피투성이가 되

어 고통을 받게 된단다. 이 같은 지옥편의 벌을 알면 어떻게 생명
을 경시할 수 있겠니?”

“《신곡》에 그런 내용이 있어요? 전 몰랐거든요. 그런 벌이 내려
지는 게 정말일까요?”

“자살도 일종의 살인이니까, 하느님이 살인자를 어디로 보내겠
니? 어떤 경우도 자살은 어리석은 짓이야.”

“…… .”

“은정아, 너 학교에서 진로에 대해 스트레스 받지 말고 너하고
싶은 대로 해. 괜히 고민하고 현실도피하려고 딴 생각하지 말고.
자, 약속하자. 됐어. 이제 모든 것을 낙천적으로 생각해. 알겠지?”
은정이와 나는 그날 밤을 꼬박 지새웠다. 그리고 그 다음 날 퇴원
을 했다.

7

하늘이 구름 한 점 없이 맑고 짙푸른 날 소풍을 간다면, 모차르
트의 〈플루트와 하프를 위한 협주곡〉을 틀면 더 잘 어울린다. 그
곡이 더 없이 청아(淸雅)하고 섬세하고 생기발랄하기 때문이다. 반
면에 비바람 치는 어두운 현충일이나 부모님의 기일(忌日)에는 차

이콥스키의 〈비창 교향곡〉을 틀면 고인이 된 분들을 추모하는 데 잘 어울린다. 그 곡은 슬픈 분위기에 알맞은 음악이기 때문이다.

인생에 있어서 '어울린다'는 말은 참 중요하다. 사람이 직업을 선택할 때도 자기에게 잘 어울리며 하고 싶은 것(自意)이니까 선택하는 경우와, 그렇지 않고 불가피한 상황 때문에 어울리지 않는 직업을 타의로 선택하는 경우가 있다.

후자의 경우에는 아무리 오랜 세월이 흘러도 그것이 외도(外道)라고 생각되어 원하던 것을 꿈꾸고 동경한다. 그러나 전자의 경우는 비록 물질적으로는 가난하더라도 행복과 보람을 느끼며 즐겁게 삶을 산다.

자녀들이 고등학생이 되어 진로를 선택할 때 그 과정에서 학부모들이 어떻게 현명하게 지도를 했는지 한번 반성해 볼 필요가 절실하다. 부모 자신이 젊을 때 못 이룬 꿈에 대한 한을 자녀에게 강요시켜 이뤄 보고자 하는 경우가 허다하다. 학생이 자의(自意)로 선택한 어울리는 진로 결정이라면 그 학생은 날라 다니며 즐거운 마음으로 공부한다. 반면에 그렇지 않은 경우는 결국 죽음에까지 이르게 된다.

은정이는 담임선생님과 상담을 하여 그녀가 원하는 문과로 반을 옮겼다. 소극적이고 내성적인 그녀와 가정 사정을 잘 모르는 담임선생님 사이에 내가 개입하지 않을 수 없었다.

얼마 전 한 대학원에 '문학치료학과'가 개설되었다는 신문기사를 읽었다. 정서불안 등 정신적 문제를 지닌 사람들에게 '문학치료'를 하여 상당수의 사람들의 상처를 치료하거나 완화시키는 효과를 보았다고 한다. 마음의 상처를 아물게 하는 데 앞장서는 교수님의 말씀을 들어보자.

이용하는 문학 텍스트엔 특별한 제약이 없습니다. 계용묵의 〈백치 아다다〉나 현진건의 〈B사감과 러브레터〉 등을 낭독하도록 시키면서 카타르시스를 얻게 하기도 합니다. 7·5조의 간단한 시를 마음대로 지어 보게 하기도 합니다. 그러면 참여자들 스스로도 평소 제대로 알고 있지 못하던 마음속 소망이나 내밀한 욕망들이 그들의 글에 은연중 나타나기도 합니다. 문학치료를 통해 내면의 소리에 귀를 기울이게 되는 거죠.

자살 예방에도 이러한 방법을 이용하면 좋을 것 같다. 다행히 은정이와 나는 문학을 좋아하는 공통분모가 있어서 쉽사리 '친구관계'가 성립되었다. 오늘도 김춘수의 시 〈꽃〉을 둘이 한 목소리로 낭랑하게 낭송해 보고 하루를 마감한다.

내가 그의 이름을 불러 주기 전에는
그는 다만

하나의 몸짓에 지나지 않았다.

내가 그의 이름을 불러 주었을 때
그는 나에게로 와서
꽃이 되었다.

내가 그의 이름을 불러 준 것처럼
나의 이 빛깔과 향기에 알맞은
누가 나의 이름을 불러다오.
그에게로 가서 나도
그의 꽃이 되고 싶다.

우리들은 모두
무엇이 되고 싶다.
나는 너에게 너는 나에게
잊혀 지지 않는 하나의 의미(눈짓)가 되고 싶다.

　어느 토요일 오후 은정이와 나는 뮤지컬 〈맘마미아〉공연을 함께 감상하고 왔다. 그 공연을 보고 듣고 와서 엄마 생각이 났는지 전화를 걸어 이렇게 말하는 소리가 들렸다.
　"엄마, 제 걱정 마시고, 행복하세요."
　은정이는 퍽 명랑해지고 내게 얘기를 많이 한다. 나도 얘기를 많이 하게 되었고 젊어졌다. 꿈이 같은 친구와 함께 있어 행복하다.
'소 잃고 외양간 고친다'는 속담이 있는데, 나는 소를 잠시 잃을 뻔
하다 외양간을 고친 셈이다.

제 4 부

파이팅(fighting), 실버세대

너도 언젠가는 늙은이가 될 게다.

《황혼의 반란》 베르나르 베르베르

실버 세대들의 애환(哀歡)

1

그동안 기나긴 세월을 가족과 직장을 위해 봉사해 오느라고 그
외의 여러 면을 소홀히 해 왔다. 가족에 대한 도리는 지속되더라
도 직장을 마감하였으니, 이젠 '나만의 시간'을 내어 하고 싶었던
일과 해야 할 일들을 하기로 작정했다. 우선 건강이 허락하는 한
신앙생활도 충실히 하고 싶어졌다. 그래서 정기적인 신자(信者)들
의 소공동체 모임에도 가능하면 빠지지 않고 참석하려고 애쓰고
있는 중이다.

지난달은 수요일 반모임으로 '절두산 순교성지'를 다녀왔다. 멀
지 않은 수도권 한강변에 위치한 이곳을 처음 방문하다니 …. 자신
에 대한 비판과 성찰을 통렬히 할 수밖에. 우선 성당 뜰에 있는 김
대건 신부 동상(좌상) 앞에 꿇어 앉아 그의 손을 내 두 손으로 감싸

쥐고 기도를 드렸다. 그의 신심(神心)이 나의 뼛속으로 스며드는 듯했다. 그리고 소망도 기원하고….

‘안수 성모상’에 다가가서 성모님의 두 손 안에 머리를 숙이고 때 묻은 내 영혼을 정화시킨다. 한복을 입으신 정결한 성모님의 겸손과 순명과 인자하심에 동화되어 본다. 그리고 지하에 있는 박물관과 성해실(聖骸室)을 참배(參拜)하였다. 곧이어 10시 미사에 참여했는데 여느 성당미사와 다른 점은 시작할 때 호명된 영령(英靈)들의 이름이 수십 명이나 되는 것이었다. 평일인데도 이곳 순례성당을 찾는 이가 이렇게 많은 것은 그만큼 뜻 깊은 곳이기 때문이리라.

성지순례를 다녀오면서 느끼는 공통점은 ‘그 수천 명의 의연한 순교자들이 있었기에 지금 우리들이 이렇게 떳떳하고 자유롭게 신앙생활을 하고 있구나’라는 생각이었다.

집으로 돌아오는 도중 승용차 안에서 나는 여러 가지 대화를 들었다. 우리 소공동체 승용차 두 대 중 하나를 내가 기사로 봉사했기 때문에 나는 듣기만 했다. 순교성지에서 엄숙했던 분위기는 사라지고 자매들(여성신자들)은 허심탄회하게 각자 주변얘기로 꽃을 피웠다. 평일 대낮에 젊은이들은 모두 일터로 나가고 이 자리에 있을 리 없지 않은가? 그들은 모두 육십 대 초반에서 그 이상인 늘그막 세대들이니 내숭떨 이유가 없지 않은가?

"나는 요즘 요실금 증세가 있는 것 같아요. 조금만 놀래도 오줌이 찔끔거리니 ···."

"나도 그래요. 화장실도 자주 가죠. 그래서 길 떠나기 전에는 꼭 화장실 먼저 들려요."

"우리 시어머니 흉을 보았는데 내가 벌써 그렇게 되었네요. 식탁 앞에서 사레가 들지 않나, 파 썰 때 눈물이 흐르지 않나 ···."

"저도 돋보기 쓰고 신문 읽는데 눈물이 나고 골치가 아파서 큰 제목만 대충 읽고 만답니다."

"그건 그렇고, 지난번 '레지오 마리애'* 조직할 때 신부님 지시로 60세 이상은 자르라고 했대요. 난 꼭 '레지오' 활동을 하고 싶었는데 ···", "글쎄, 그랬대요."

"여기 전부 노틀들만 있는데 '부부관계'는 이상 없수?"

"없긴 ···. 벌써 각방 쓴지가 언젠데? 내 친척 여동생은 사십대 후반부터 남자가 싫어져서 각방 쓰는데 남편이 외도해도 무관심하대요. 남편 애인 반지까지 만들어다 준대요."

"어떤 집은 아내가 당뇨병이라 부부관계를 못한다고 하던데 그 집 부인은 이상하네요. 병도 없으면서 남편 외도에 그렇게 관대하

---

* 레지오 마리애(Legio Mariae, 마리아군단) : 평신도 사조직 활동단체. 교회의 승인 하에 모든 은총의 중재자이신 마리아의 지휘 아래, 레지오(군단)를 조직, 세상 죄악의 권세에 대항하고, 교회에 봉사하는 신심단체. 1921년 아일랜드 더블린에서 최초로 조직되어 교구 빈민 환자 방문을 첫 사업으로 함.

다니 ….”

　나는 이 대화들을 듣고 두 가지 의혹(疑惑)이 머릿속에서 떠나지 않았다. 봉사활동단 조직에 연령제한을 두는 것이 필요한 것일까? 그리고 아내나 남편들이 실버세대가 되기도 전에 또는 실버세대라고 부부사이 성관계를 일찍부터 포기해야만 할까?

2

　첫 번째 의혹, 봉사활동하는데 연령제한이 과연 필요한가? 정말 납득이 안가는 부분이었다. ‘만 60세로 자르라’고 했다니, 개인에 따라 건강상태나 능력이 모두 다른데. 분명 이것은 노인을 경시하고 폄하하는 사례라고 생각된다. 그 순간 나는 얼마 전에 읽은 노인 문제를 주제로 한 소설이 떠올랐다.

　프랑스의 천재작가 베르나르 베르베르의 단편소설 〈황혼의 반란〉에는 이런 기발한 얘기가 쓰여 있다.

　두 노부부 할아버지 프레드와 할머니 뤼세트는 초인종이 울리자 겁에 질려 있었다. 창밖을 내다보니 닭장처럼 철망을 쳐 놓는 대형버스가 그들을 기다리고 있었다. 그것은 악명 높은 ‘휴식 · 평화 · 안락센터’

(노인수용소)의 버스였다. 분홍 제복을 입은 대원들은 반항하는 노인을 붙잡는데 쓰는 커다란 그물을 쥐고 있었다. 두 노인은 분노에 떨고 있었다. 결국 그들의 사랑하는 자식들마저도 부모를 센터에 넘기고 만 것이었다.

몇 년 전부터 노인 배척운동이 노골화되고 있었다. 한 사회학자로부터 사회보장의 적자는 대부분 70세 이상의 노인들 때문에 생긴다는 보도가 있었고 정치인도 이에 가세하였다. 그들은 의사들이 고객을 잃지 않으려고 노인들의 생명을 연장시키고 있다고 비난하였다.

프레드는 죽기 아니면 까무러치기라는 심정으로 뤼세트를 잡고 창문에서 뛰어 내렸다. 할아버지 프레드가 벌떡 일어나 센터의 버스 운전석에 앉아 질풍처럼 버스를 몰았다. 버스에 타고 있던 노인은 22명, 버스를 산 쪽으로 몰고 갔다.

그리고 동굴을 찾아내어 그곳에 은거하여 로빈슨 크루소식의 모험을 시작하였다. 그들이 기적적인 삶을 하루하루 살아가는 가운데 동굴에 모인 노인들은 100여 명에 달했다. 그들은 전단을 작성해 배포하였다. "우리를 존중해 주십시오. 노인들은 뜨개질도 할 수 있고 아기도 돌볼 수 있습니다. 다림질과 요리도 할 수 있습니다. … 우리를 제거하기보다 활용할 생각을 하십시오."

그러나 보건복지부 장관은 노인들의 반란을 완전히 종식시키기 위한 대책을 강구했다. 그 대책은 '독감 바이러스'를 이용하는 것이었다. 헬리콥터들이 숲 위로 날아올라가 바이러스를 다량으로 살포했다. 전염을 피할 수 없어 뤼세트가 먼저 죽고 날이 갈수록 사망자가 늘어났다. 살아남은 자들도 그 이상 저항할 기력도 없이 출동된 20세

미만의 경찰대원들에게 체포되었다. 노인 반란군 지도자 프레드는 죽기 전에 이렇게 말했다. "너도 언젠가는 늙은이가 될 게다."

어느 나라나 인간의 평균수명이 늘어나 노인층이 증가하므로 작가는 이런 상상을 하여 글을 썼을 것이다. 반항하는 노인들에게 비정하게 '독감 바이러스'를 살포하여 노인들이 병에 걸려 죽게 하는 기발한 착상에 결국 에필로그는 '너도 언젠가는 늙은이가 될 것이다'라고 마무리를 하고 있다. 분명 젊은이들도 때가 되면 공공연하게 늙어 갈 것이다. 그리고 쳐진 어깨와 수그러진 등으로 더욱 낮아진 늙은이들의 눈높이를 맞추지 못한 것을 후회하게 되리라.

어느 단체나 직장에 연령 제한을 두는 것은 평등교육에 어긋난다. 특히 서비스업이나 봉사단 조직에는 노련한 노인들의 보살핌이 더 한층 요구된다. 베르나르의 주장처럼 '제거하려 하지 말고 활용할 생각을 하는 것'이 현명하리라.

3

내가 성지 순례 귀로에서 노인층에게 들은 얘기 중 두 번째 의혹, '실버세대 이전 또는 실버세대라고 하여 부부사이의 성관계를 아예 포기 해야만 할까?'에 관해 자료를 모아 보았다.

우선 최근에 노년층을 지칭하는 다양한 용어와 방법부터 알려주고 싶다. 삶의 주기의 새로운 단계로서 노인층은 '실버세대', '나만의 시간', '인생의 르네상스', '보너스 시간', '제 2의 사춘기', '앙코르 시기', 또는 '시니어' 등으로 불린다. 이 시기는 약 30년 남짓한 기간으로 대략 50세에서 80세 사이를 지칭한다(애비게일 드래포드의 《나이 듦의 기쁨》에 의거).

그들은 황혼 독립을 선언한다. "나는 자유의 몸이다. 나는 할 일을 다 했다. 이제는 나 자신이 되어서 내가 하고 싶은 일을 하면서 살 수 있는 시간이 왔다." 중년까지의 생활은 '사회와 가족을 위한 시간'이었다면 덤으로 얻은 나만의 시간은 '나를 위한 시간'이다. 자신만의 대본을 쓰는 삶의 재생, 재구성과정이며, 덤으로 얻은 이 행운의 시간에 새 삶을 검토하고 계획하므로 그렇게 불려진다. 편의상 필자는 늘그막 세대를 '실버세대'로 표현하고자 한다.

이미 자신도 실버세대에 들어선 미국의 칼럼니스트 애비게일 트래포드(현재 58세)는 그녀의 저서 《나이 듦의 기쁨》의 마지막 부분에서 로맨스에 빠져보라고 이렇게 다정한 음성으로 얘기를 들려준다.

보너스 시간(실버세대)에는 로맨스 즉 우정과 연애가 만발할 수 있는 시기이다. 이전에 경험하지 못했던 로맨스의 자유를 발견하게 된다. 때로는 '나만의 시간'에도 젊은 시절과 똑 같은 성적인 욕망과 강력한 화학반응이 일어나면서 로맨스가 생겨 날 수 있다. … 인터넷은 모든 연령층에게 하루 24시간 열려 있는 댄스홀이 되었다. 그것은 '공중에서 벌어지는 근사한 칵테일파티다.'

올해 68세 된 한 친구는 인터넷에서 연인을 찾았다. 두 사람은 사이버 공간에서 그만 반해 버려 이메일이 쌩쌩 오고 갔다. 결국 그들은 만나고, 산책하고 음악을 듣고 얘기하다 포옹했다.

69세의 도카스는 송년파티에서 파트너와의 첫 만남의 순간을 이렇게 털어 놓았다. "그는 춤을 멋있게 췄어요. 첫눈에 매력을 느꼈지요. 우리가 춤을 추기 시작하자 온몸으로 느낌이 와 닿았어요."

이것은 바로 사랑에 빠질 때 느끼는 불변의 충격이다. 당신이 14세든, 64세든, 심지어 104세라 하더라도 일어날 수 있는 일이다. 이시기의 사랑은 로미오와 줄리엣보다 훨씬 안정적인 로맨스에 빠지게 되는 것이다.

또한 '나만의 시간'에 해당되는 한 가지 공동 주제는 잃어버린 '사랑의 회복'이다. 인생의 후반을 살아가면서 해야 할 숙제는 우리가 인생 전반에 걸쳐 사랑했던 사람들을 찾아서 마음을 열고 관계를 회복시키는 일이다.

메릴랜드 의대 마이클 플로트는 성별에 관해서 그릇된 통념이 있는 것에 대해 이렇게 말한다. "사람들은 나이든 여성들은 성생활을 원하거나 필요로 하지 않는다고 전제하고 들어가죠. … 좋은 성행위나 나쁜 성행위를 구분하는 기준은 없습니다. 당신을 행복하게 해 주면 그게 좋은 성행위지요. … 많은 사람들의 성생활이 개선되고, 더 오랜 기간에 걸쳐 성생활을 할 수 있게 되었습니다. 성생활은 마치 채소를 많이 먹으라는 것과 마찬가집니다. 당신에게 유익합니다."

할미꽃도, 파꽃도, 노파도 모두 여자다. 늙었어도 마음은 청춘이고 건강관리를 잘하면 누구든 여자로서의 성적 매력과 역할을 지속시킬 수 있다. 나이에 집착하지 말고 그릇된 통념(늙었다고 부부관계를 포기하는)은 버려야 할 것이다.

4

60세가 넘어 그림 그리기나 중국어를 배우기 시작한 분들, 78세에 목사가 되어 봉사하는 분, 고희가 넘어서도 마라톤에 도전하는 분들, 90세가 넘어서도 열심히 독서하며 사는 분들. 그리고 암이나 발기불능, 요실금과 싸우는 우울한 실버세대들 ….

그렇다고 부디 너무 일찍 삶을 포기하지 않았으면 좋겠다. 현대의학이 나날이 발달되고 있으니 건강을 되찾을 수 있고, 일에 계속 몰두 할 수 있을 것이다.

특히 부부사이의 성생활도 소홀히 하지 않는 것이 중요하다. 건강관리를 잘하고 항상 즐겁고 젊은 마음으로 산다면 변함없는 관계를 유지할 수 있을 것이다.

백년해로를 기준으로 하면 인생 후반 40여 년을 어떻게 각방 쓰며 플라토닉 러브만 하면서 살 것인가? 그 아기자기하고 짜릿한 묘미를 지속적으로 느끼고 누릴 수 있다면 금상첨화일 것이다. 늙어 갈수록 서로 쓰다듬고 위로해 주며 따뜻한 체온과 스킨십을 나누는 것이 자연스런 본능이 아닐까?

덤으로 사는 보너스 시간, 실버세대들이여, 애비게일의 사려 깊은 충고에 귀 기울이시라. "잃어버린 사랑을 회복하는 마음의 문을 여십시오. 로맨스(우정과 사랑)로 삶의 활기를 되찾으십시오."

절망은 죽음에 이르는 병이다. 아무리 노인을 경원시(敬遠視)하는 사회라도 이상(꿈)을 잃지 않으면 나이 드는 것도 행복해진다. 젊을 때처럼 밝아오는 미래에 다시금 희망을 꿈꾸자.

파꽃들의 수학여행

1

　벚꽃이 한창 눈부시게 만발한 사월 팔일 우리 일행은 여행길에 올랐다. 대학동창 소모임인 우리 여섯 명은 도토리 키 재기로 키도 고만고만했고 평소에 어느 여자들 모임만큼 그렇게 수다스럽지도 않았다. 그다지 남편자랑, 자식자랑도 하지 않고, 특별히 잘나지도 못나지 않은 소박한 모임이다. 계절이 바뀔 때마다 부담 없이 만났다가 당일로 바로 헤어지고 했는데, 이번에는 용단을 내어 2박 3일 일정을 잡아 경주로 떠나게 된 것이었다. 마침 경주에 사는 동창이 있어서 일정에 맞춰 모든 준비를 하고 고적에 대한 해설까지 맡아 해주기로 하였다.

　사십칠 년 전 여고시절 '수학여행'을 갈 때만큼이나 가슴이 뛰었다. 왕릉의 모습이나 고적들은 그대론데 경주가 더 넓어 보였고, 더 정돈되어 있었다. 가는 곳마다 벚꽃이 흐드러지게 피어 우리들을 반겨주고 있을 뿐 아니라 예전엔 없었던 잘 가꾸어진 노란 유채꽃밭들이 제주도를 연상케 했다.

첫 날은 오후 다섯 시경에 도착한 관계로 관광을 많이 하지 못했다. 가까운 곳만 둘러보고 콘도에 가서 짐을 풀기로 하였다. 숙소 현관에서 수위아저씨가 우리 일행 중 춘강이를 보고 "할머니, 그쪽이 아니고 이쪽 입구로 오세요"라고 말하며 안내해 주었다. 춘강이가 엘리베이터 안에서 속상해 하며 말했다. "나는 아직 '할머니'소리를 안 들어 봤는데 …. 그새 내가 그렇게 늙었나? 기가 막혀." 서경이가 말했다. "애, 나는 누가 '아줌마'라고 하면, '고맙지만 저는 아줌마가 아니고 할머니인데요'라고 고쳐 준단다." 춘강이는 콘도 방안에 들어와서도 계속 기분이 언짢아했다.

그리고 저녁 식사 때 식당에서 오이를 몇 개 얻어 갖고 들어와 미리 준비해 온 오이 깎는 기구로 얇게 썰어 할머니들에게 나눠 줬다. 춘강이는 부지런하게도 매일 오이 팩을 한다고 한다. 그래서 피부도 탱탱한 편인데 '할머니'소리를 들었으니 억울한가 보다.

삼십분 쯤 후에 모두들 얼굴에 붙였던 오이를 떼어 내고 세수를 했다. 그리고 우리들은 밤이 짧다하고 이야기로 꽃을 피웠다. 좀 더 쇼킹하고 좀 더 유머러스한 얘기를 서로 하려고 기회를 노렸다.

174

이런 일은 처음이었다. 그렇게도 얌전하고, 모두 '범생'인 애들이 오늘 밤은 웬일인지 인간의 본성으로 돌아가고 싶어 안달이었다.

화순이가 누워 있다가 벌떡 일어나서 책상다리를 하고 앉으며 말했다. "애들아, 내가 유럽여행 중 체험한 것인데 …. 어떤 곳은 남녀 혼탕이 있는가하면 나체 클럽에 안내된 적도 있는데, 처음엔 황당하고 얼떨떨했지만 시간이 흐르니까 괜찮아지더라." 듣고 있던 혜영이가 보충하였다. "게다가 직접 남녀가 정사하는 장면을 연기하듯 보여 주기도 하잖아."

서경이는 《잠자는 숲 속의 남자》(신이현)에서 읽은 할머니 얘기를 꺼냈다.

"애들아, 내가 어떤 책에서 읽은 건데 '아흔 살 할머니의 생애 마지막 소원'이 무엇인지 아니? 들어봐. 할머니 남편은 '뇌박사'였는데 평생 자기 알몸을 할머니에게 보인 적이 없댄다. 맨날 연구하는 뒤통수만 보이고. 그래서 할머니는 남자의 알몸을 보는 것이 소원이었단다. 90세 생일에 한 남창을 자기 집에 초대했는데 그가 알몸으로 춤추는 것을 보고 너무 감격하여 쇼크사를 했단다. 그 할머니는 소원을 이루고 그 남창의 손을 꼭 쥐고 행복하게 미소 지으면서 숨을 거둔 거야."

이어서 숙희가 말했다. "너희들 '성인용품' 파는 가게에 가봤니? 거기 가보면 남녀 물건에 관한 별의별 것들이 다 있단다. 특히 남자물건은 사이즈별로 다 있더라. 부부가 함께 와서 남편이 자기 부인에게 그것을 사주기도 하고, 어떤 친구들은 홀로된 친구에게 생일 선물로 그것을 사주기도 한단다.”

섹스. 우리들에게도 예외는 아니었다. 그것은 남녀노소를 불문하고 영원한 대화의 베스트 주제라는 것을 다시 한 번 확인하는 순간이었다.

2

이튿날 아침 석굴암 관광을 위해 청자네 봉고에 올라탔다. 고맙게도 공직을 은퇴한 청자 남편이 몸소 운전을 했다. 가만히 보니 모두들 젊어 보이려고 원색의 재킷을 입었고 키도 더 커 보이려고 굽이 있는 신발들을 신고 있었다. 세월의 나이테 얼굴의 주름살만 빼면 학창시절로 돌아 간 즐겁고도 짓궂은 표정들이었다.

석굴암으로 가는 산책로 중턱에 ‘감로수’라는 약수터를 지나서 동쪽 언덕에 ‘수광전’(壽光殿) 이 있었다. 그 안에 청동 불상이 있었는데 유난히 눈동자가 또렷했고 입술은 립스틱을 바른 듯 화사한 적색이었다. 부처님이 속세로 내려와 우리와 함께 계신 듯한 착각을 일으키게 했다. 시골에 사는 이모님을 만난 듯 친근감이 느껴진다.

저 먼 데서 사유하는 노블한 부처님에서 내 곁에 왕림한 부드러운 피부의 감촉이 느껴지고 따뜻한 입김의 향기가 스며드는 듯한 인간으로 다가온 것이었다. 그렇게 부처님의 빨간 입술은 내 머릿속에 인간적인 체취로 오래 남아 있었다.

석굴암 석굴의 '석가여래좌상' 본존 불상은 백색화강암으로 그 자체의 색(色)이 없다. 주변의 빛이나 조명에 따라 신비롭게 색을 연출할 뿐이다. 그의 불가사의하고 가장 이상적인 모습으로 모든 중생들에게 자비로움을 은연히 비춰주는 본존 불상은 외국 방문객들의 마음까지도 사로잡는다.

미국의 칼럼니스트 애비게일 트래포드는 개인적인 갈등, 이혼과 수술 등으로 마음의 동요를 겪었다고 한다. 그런데 한국의 경주 여행 중 석굴암의 불상을 보고 마음의 안정을 되찾았다고 한다. '모험과 묵상으로 채워진 마법과도 같은 여행'이었다고 그녀는 회고하며 이렇게 말했다.

나는 부처의 응시 속에 사로 잡혔다. 영원의 고요함 속에서 과거가 인정되고 미래가 더없이 소중해지는 순간이었다. 내 인생의 한 부분은 끝났다. 새로운 부분이 시작되고 있다. … 경주의 고요함 속에서는 조화가 권력을 이기고, 평온함이 성공을 이기고, 창의성이 신분을 이기고, 무엇보다도 사랑이 모든 것을 이기고 있었다. 나는 충일한 마음으로 산을 내려 왔다.

그렇다. 나도 인자한 부처님의 미소와 눈빛 속에 스스로 다짐해 본다. 늙었다고 비관 말고 다시 한 번 '생의 르네상스, 제 2의 사춘기'를 맞이해보자. 꿈을 잃지 말고. '나만의 시간'을 만끽해 보자. 파이팅, '실버세대.'

4월 봄의 출발 지점에서 천년을 거슬러 올라간 세월의 저편에서 부처님과 함께 침묵의 대화를 한참 동안 나누다가 현세로 돌아오니, '타임머신' 멀미 때문일까 현기증이 났다. 이것도 역시 스탕달 신드롬인가 보다. 석굴 밖은 눈부시게 흰 태양이 하얀 벚꽃 위로 쏟아지고 있었다. 석굴 내부 침묵의 숙연함 때문이었을까? 토함산 자락을 조심스럽게 밟으며 모두들 말없이 내려 왔다. 제각기 지닌 마음의 갈등을 모두 풀었으리라. 석굴암을 다시 한 번 음미할 수 있는 기회를 얻었다는 것만으로도 이번 여행의 의미는 큰 것이었다.

기차를 타고 돌아올 때도 우리들의 이야기는 끝이 없었다. 좌석을 서로 마주보게 재배치해 놓았다. 주변의 이목도 있고 해서 우리들은 목소리를 낮추고 소곤소곤 주의해서 얘기했다. 이번 주제는 '어떻게 남편과 만나 결혼 했나?'였다. 돌아가며 하는 얘기를 들어보니, 별로 짜릿한 내용은 없고 다만 '결혼이란 서로의 믿음에서 맺어지는 것'이라는 결론밖에 ….

여행하는 동안의 식사대금은 회비에서 지출하지 않고 자진해서

“이번에는 내가 내겠다”라고 해서 자연스럽게 해결하였다. 춘강이는 오이 팩을 자주해서 다음 만날 때는 더 젊어져 나오라고 ‘오이깎기’를 사람 수대로 나누어 주었고, 경주 사는 청자는 ‘찹쌀보리빵’을 각각 한 상자씩 사서 선물로 주었다. 화순이는 귤을 사서 돌렸고, 서경이는 커피를 서빙했고, 혜영이는 동전지갑을 기념으로 사서 돌렸다.

늙어 가는 사람들의 공통 심리는 ‘남에게 무엇인가를 주는 것을 아까워하지 않는다’는 것이다. 아무렴, 이 세상을 떠나갈 때 무덤 속으로 돈이나 금은보화를 이고지고 갈 것인가? 이제 우리 실버세대는 거치적거리는 것 없이 홀가분해졌으니 길 떠나기도 수월해 졌다. 무덤으로 떠나기 전에 가끔 이런 인생 마감 수학여행을 다니는 것이 건강을 위해 좋을 것 같다.

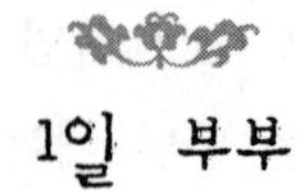

1일 부부

꽃샘추위와 황사로 봄이 우리 곁에 늦게 찾아온 때문일까? 벌써 오월 마지막 날을 맞이했다. 봄의 끝자락을 잡고 아쉬워하는 마음으로 집을 나섰다. 오늘은 '은하수회'*에서 충북청원에 있는 환상적인 식물나라 허브랜드를 방문하는 날이다. 압구정동 현대 백화점 공영주차장에서 버스를 탔다. 회원이 약 140여 명인데 오늘은 40명만 참석하게 되었다.

버스가 출발하자마자 임원들은 간식과 음료수를 배부했다. 금강산도 식후경이니까. 초청되어 온 사회자는 비교적 용모가 준수했고 교양도 있어 보이는 사십 미만의 청년이었다. 그가 마이크를 잡았

---

* 은하수회: (가칭) 공립중고등학교 교장 역임 후, 퇴임한 여교장 모임.

다. "저는 오늘 여러분을 모시기 위해 태어난 김복동입니다. 이름도 외우기 쉽지요. 복동이. 자, 저를 따라 해 보세요. '사회자는 왕이다.'(사회자는 왕이다.) 사회자 말을 잘 들어야 합니다. 우선 제가 고백할 것이 있어요. 이 버스에 들어서면서 제일 먼저 느낀 것인데 어쩜 모두들 미인이셔서 제 가슴이 두근 반 세근 반 뛰고 설렙니다. 분위기를 띄우기 위해 제가 만담 하나 들려 드리겠습니다. 사람들은 보통 남자를 불에 비유합니다." 그리고 이런 만담을 전해 주었다.

10대 = 성냥불	슬쩍 긁기만 해도 활활 타오르니까.
20대 = 장작불	겉으로 보기에도 강한 화력인데다 근처에만 가도 뜨겁기 때문
30대 = 연탄불	겉으로 보면 그저 그래도 은근한 화력을 자랑한다.
40대 = 화롯불	겉으로 보기에는 죽은 것 같지만 자세히 뒤적거려 보면 불씨가 살아있다.
50대 = 담뱃불	힘껏 빨아야만 불이 붙는다.
60대 = 반딧불	불도 아닌 게 불인 척 한다.

들어보니 여자들에겐 별로 어울리지 않는 내용이다. 그런데 왜 70대, 80대에 관한 언급은 안했을까? 옛날 옛적 얘기인가 보다. "그 다음은 '난센스 퀴즈'를 내겠습니다. 맞추시는 분께는 홍삼 캔디 한 봉지 드리겠습니다."

서민들이 좋아하는 영화는 ?   (부귀영화)
여자가 가장 좋아하는 남자는?   (서 있는 남자)
거지들만 사는 세상은?   (빌어먹을 세상)
남녀가 노상방뇨를 하다 걸렸다.
남자의 벌금이 여자보다 두 배가
많이 나왔다. 그 이유는?   (남자는 흔들었기 때문에)
'잘 모른다'는 각국의 언어는?
일본: (아리까리)   프랑스: (알쏭달쏭)
독일: (애매모호)   우간다: (긴가민가)
중국: (갸우뚱)   인 도: (알간디 모르간디)

　과연 이 노친네들은 과거 CEO답게 '유머와 위트'를 아직도 지니고 있는지 잘들 맞추었다. 그래서 사탕봉지는 동이 났다. 사회자는 노래방을 시작하기 전에 자기가 한 곡을 먼저 부르겠다고 했다. 예의 바르게도.

어느 날 여고시절 우연히 만난 사람
변치말자 약속했던 우정의 친구였네.
수많은 세월이 말없이 흘러 아—아, 아—아-
지나간 여고시절 조용히 생각하니
그것이 나에게는 사랑이었어요.

이 노래가 오늘 이 버스를 탄 회원들에게 잘 어울리는지 모두들 따라 불렀다. 그리고 갑자기 단발머리 여고시절로 돌아간 듯 감회에 젖은 눈빛이었다. 보통 늘그막 세대들의 노래방 수순은 '신라의 달밤', '황성옛터', '눈물 젖은 두만강', '짝사랑' 등등 흘러간 가요가 아닌가?

그런데 이 모임 회원들은 모여서 어디 갈 때 으레 '바위고개', '비목', '메기의 추억', '가고파' 등과 가요로 '편지', '여고시절', '사랑의 미로', 그리고 '만남' 등을 혼자가 아니고 합창을 하며 가곤 했다. 젊은 사람들이 들으면 구태의연하다고 생각할지 몰라도 유대감이 돈독해지는 순간이기도 했다.

오늘도 사회자는 한 사람씩 시키는 것을 포기하고 한참동안 합창을 하도록 허락했다. 그리고 나서 '사회자는 왕이다'를 다시 확인시키고 그가 말했다.

"자, 이제 오늘 하루 '역할극'을 시작하겠습니다. 두 분씩 앉아 있는 회원님은 이제부터 부부입니다. 창 쪽에 앉은 분은 아내고, 복도 쪽에 앉은 분은 남편입니다. 끝나고 집에 가기 전까지 …. 각자의 의무를 다하겠다는 다짐으로 인사하고 포옹하세요."

모두들 악수하고 가슴으로 껴안으며 체온을 나누었다.

잠시 후 사회자가 몇 사람을 지명하여 물었다. "당신의 배우자는 어디가 가장 맘에 듭니까?" 대답도 가지각색이었다. "눈이 따뜻해요.” “마음이 예뻐요.” “손이 이지적이에요.” “생각이 넓어요.”

그리고 각 부부는 자기소개를 하고나서 어떻게 하면 서로를 즐겁게 해줄 수 있을까를 잠시 생각해 보았다. 나는 평소에 “내가 남편이라면 아내에게 이렇게 해 줄 텐데.”라고 아쉬워했던 것을 내 짝(아내)에게 해 주기로 했다. 남자들은 여자들이 꽃을 좋아한다는 사실을 왜 몰랐을까? 그렇게도 꽃을 받고 싶었는데…. 졸업식이나 생일은 물론 평소에도 가끔 꽃을 선사하면 얼마나 꽃처럼 웃어 주었을까?

허브랜드에 도착해서 500여 종의 허브 꽃을 관람하고 꽃길을 걸을 때 우리 부부는 초등학생처럼 손을 꼭 잡고 다녔다. 그녀는 우리 일행이 관람 장소를 옮겨 갈 때마다 자기 옆 자리를 맡아 놓고 나를 기다렸다. 허브 향기가 가득한 농원에서 마음이 예쁜 짝꿍과 함께 있으니 여기가 천국인가 싶었다. 관람이 끝날 무렵 허브 꽃 화분 ‘로즈마리’를 사서 그녀에게 주었다. 그녀는 화사하게 웃으며 고마워했고 돌아올 때까지 버스 안에서 내내 먹을 것을 챙겨주고 서빙을 해 주었다.

나는 오늘 행사 참여에서 내가 그동안 무관심했던 면의 두 가지의 중요함을 깨닫고 참으로 시간 내서 오기를 잘했다고 생각했다.

그 하나는 ‘역할극’은 진정 의의 있는 극이라는 것이다. 이 극에서는 참 배울 점이 많다. 역할극은 유치원에서도, 학교에서도, 병원에서도, 그리고 교회에서도 한다. 그때 부모와 자녀의 역할을, 교사

와 학생의 역할을, 의사와 환자의 역할을, 그리고 천사와 악마의
역할 등을 서로 바꿔서 할 수 있다. 서로 상대방의 입장이 되어 그
역할을 해보면 상대방을 이해하게 되고 유대감도 깊어진다. 미리
쓰인 대본에 따르지 않고 즉흥적으로 연기하게 되므로 평소에 느낀
대로 솔직하고 자연스럽게 표현할 때 새로운 자아의 발견과 건전한
집단 태도를 조성하게 된다.

또 하나는 유머(*humor*)나 엔터테인먼트(*entertainment*, 환대)의 중요성
에 관한 것이었다. 요즘 사람들은 여러 가지 코우쉬트(*Quotient*, 지수)
의 홍수 속에 살아간다. 즉 IQ (지능지수), EQ (감성지수), NQ (공존지
수), MQ (도덕지수), SQ (사회지수), 그리고 HQ (유머지수) 와 EnQ (환
대지수) 등….

특히 유머와 엔터테인먼트는 조직을 운영하는 데 있어서 그 구성
원들을 즐겁게 만들어서 일의 능률을 높이는 원동력이 된다. 웃으
면서 살고 일하는 가정이나 사회는 늘 행복하다.

회원들의 이러한 야외활동을 통하여 세대 자체의 어떤 소외감도
해소시킬 수 있고, 그날의 훈훈한 인간미는 행사 후에도 지속적으
로 건강을 유지하고 증진시켜 주는 데 효과가 있다고 본다. 또한
웃는 낯엔 주름살도 보이지 않는다.

백조의 호수

1

선영은 Y골프 연습장 일반회원 기간이 만료되자 한 달간을 쉬었다. 집 안팎으로 볼일이 있고 책볼 시간도 더 필요했기 때문이다. 그 무렵 집에서 십분 거리의 동산 기슭에 새 연습장 H클럽이 문을 열었다. 오픈 하는 날은 혼잡스러우므로 그날을 피해 한번 가서 시타(試打)를 해 보고 시설을 꼼꼼히 체크해 보았다.

H클럽은 산기슭에 있어서 공기도 맑고, 비거리도 300야드 이상이며, 냉난방시설이 양호하고 휴게실도 넓고 쾌적했다. 부대시설도 잘 갖춰 있어서 피트니스(헬스) 센터, 사우나시설, 식당, 라커룸(디지털 키 장착), 그리고 스크린 골프장 등이 여느 연습장보다 훨씬 양호했다. 뿐만 아니라 임직원들도 더없이 친절하고 상냥했다.

그런데도 회원제 요금은 비슷했다. 그래서 결국 연습장을 이쪽으로 옮기게 되었다.

그런데 아직 이유는 알 수 없지만 회원 등록 요금이 남자 회원보다 여자회원이 삼 개월 기준 약 10만 원 정도가 저렴한 것이다. 이것은 양성불평등 사례인데 싸게 해 주는 데 대하여 쓴 웃음을 지어야 할지 단 웃음을 지어야 할지 모르겠다.

선영은 오랜만에 연습을 시작했다. 늘 하던 대로 큰 번호부터 차례로, SW, 11번, 10번, 8번, 7번, 하이브리드 4번, 우드 7번, 4번 그리고 드라이버(1번). 옷을 잔뜩 껴입고 해서 그런지 잘 안 맞았다. 생크가 여러 번 나니까 앞 타석의 신사가 돌아보고 말했다. "안녕하세요? 쉬었다 합시다." 인사하는 이가 누군가 하고 보니, Y 연습장에서 본적이 있는 낯익은 얼굴이었다. "오랜만이네요. 사장님도 이곳으로 옮기셨군요." 자판기 커피는 언제나 너무 쓰고, 너무 달다. 정수기 물을 섞어서 농도를 조절해 마셨다. 그분이 물었다. "언제부터 이곳으로 옮기셨어요?" "오늘부터인데요. 쉬었다 해서 그런지 잘 안 맞네요." "아줌마하시는 걸 보니 백 스윙시 코킹이 잘 안되고, 고개도 자꾸 드세요." "고맙지만 저는 아줌마가 아니고 할머니입니다. 레슨을 다시 받아야 할 것 같아요. 다른 일에 신경 쓰느라고 연습을 소홀히 한 탓이죠." "무슨 일이 많으신가요?" "일은 무슨 일, 백수인데요." "요즘 백수는 남자일 때 쓰는 말이고, 여자는 '백조'라고 하던데요." "그런가요? 어떻게 신조어에 그렇게 밝으세요?" "기획 사업을 하는 사람은 정보에 밝아야 한답니다."

연습시간이 빠듯하여 휴게실에서 오래 지체할 수 없었다. 사실 골프 연습을 하는 사람들은 쉬는 시간도 아껴서 연습에 열중한다. 누구와 잡담할 사이도 없다. 모든 일이 그렇듯이 정신통일을 하지 않으면 공이 빗나간다. 남은 시간 동안 골똘히 정신 차려 연습을 하고 끝냈다.

집으로 돌아올 때 선영은 기분이 상쾌한 편이었다. 프런트에서 직원이 여자회원이라고 요금을 깎아 주었고, 그 신사는 '할머니'를 '아줌마'라고 불러 줬으며 '여자 빈둥이'는 백수가 아니고 '백조'라는 말을 들려주었다. 여자라고 이 처럼 배려를 해주다니 …. 맞아. '백조'라는 말은 또 얼마나 우아한 단어인가? 그 순간 《백조의 호수》의 백조가 떠올랐다. 호수의 백조처럼 갑자기 선영은 노블해진다.

2

그리스 신화에 의하면, 트리아가 아폴로 신의 사랑으로 낳은 아들 키크노스는 꽤 미소년이었는데 친구와 동성애를 하다가 버림받아 카노프 호수에 몸을 던져 죽고 말았다. 그의 어머니 트리아도

뒤따라 투신자살을 하였다. 아폴로 신은 이 모자를 백조가 되게 하여 자기의 성조(聖鳥)로 삼고 곁에 있게 했다고 한다.

차이코프스키는 자연을 사랑하고 어린 아이들을 좋아했다. 그래서 그의 조카들을 위해 '백조의 호수'를 작곡해 주었다고 한다. 스토리는 중세 독일의 전설에 바탕을 둔 내용이었고, 노래와 대사 없이 춤과 음악으로만 표현하는 발레 음악이었다.

옛날에 왕자 지크프리트가 있었는데 그가 성년이 되자, 왕궁에서는 배필을 정하기로 했다. 그런데 호수의 백조들은 밤에 예쁜 처녀로 변한다. 백조들은 원래 사람이었는데 악마(마술사)의 마술에 걸려 백조로 변한 것이다. 왕자는 숲속 호수 가에서 오데트 공주를 만나 사랑하게 된다. 그리고 무도회에 초청되나 마술사가 자기 딸 오딜(黑鳥)을 오데트인 양 변장시켜 왕자를 유혹한다. 오데트는 창밖에서 그 광경을 목격하고 절망에 빠진다.

나중에 왕자는 마술사의 흉계를 알아차리고 호반으로 오데트를 찾아 나선다. 결투 끝에 악마는 쓰러지고 모든 백조들이 사람으로 환생한다. 다만 공주가 마법이 풀리지 않아 호수에 묻히자, 왕자는 뒤따라 물속에 가라앉는다. 다행히 순수한 사랑의 힘으로 마법에서 풀려난 두 사람은 행복한 나라로 떠나게 된다.

이 얘기를 묵묵히 관객에게 알려 주려고 무용수들은 열심히 무용(연기)을 한다. 하얀 무용복을 입고 호수가 된 무대를 백조처럼 날

갯짓을 하며 훨훨 날아다닌다. 우아하고 노글노글하게 사람 아닌 요정처럼 ….

그녀가 '백조' 무용을 처음 본 것은 여고시절 프랑스 발레리나 자닌느 샤라의 공연 때였다. 그때 샤라는 이미 젊은 나이도 아니었는데 정말 백조처럼 아니 그보다도 더 완벽하게 온몸으로 백조 춤을 보여 주었다. 천상에서 날개의 깃털을 달고 사뿐히 내려와 복음을 전하려는 천사와도 같았다. 양팔과 양다리 그리고 몸놀림이 그처럼 눈부시게 빛을 발산하던 모습. 그때의 말로 표현 할 수 없었던 감동은 평생 잊혀 지지 않는다.

그리고 '백조'하면 또 생각나는 것이 있다. 안데르센의 '미운오리새끼.' 다른 오리새끼들은 노랗고 작은데 유난히 키 크고 목이 길었던 그 구박퉁이 회색 오리새끼. 그 미운 오리새끼가 자라서 탈바꿈하여 그의 본성인 우아한 자태를 뽐내는 흰털의 '백조'가 된 것을 어린애들도 잘 알고 있다. 그리고 다른 백조 떼와 함께 평화롭게 헤엄치고 어울리면서 행복해 한 것을 ….

백조. 보기에도 예쁘고 아름다운 목소리를 내며 산뜻한 몸매를 자랑하는 우아한 백조. 그들의 놀이터는 호수다. 산과 나무로 만든 병풍에 둘러 싸여서 낮엔 나무를, 밤엔 별을 담고 묵묵히 신비를 잉태하고 고여 있는 호수.

우아한 야생 백조 떼들의 놀이터는 호수, 강 그리고 공원으로 한정되

190

어 있다. 그러나 인간 백수·백조의 호수는 곳곳에서 찾아 볼 수 있다. 추억을 반추하는 노인정에서, 사색하는 호반의 벤치에서, 못 배운 한풀이로 한글을 깨우치는 복지관에서, 건강증진을 위해 요가나 스포츠댄스를 배우는 헬스클럽에서, 뒤늦게나마 나와 너의 건강에 관심을 갖고 수지침과 뜸을 배우는 문화원에서, 못 이룬 젊은 날의 화가의 꿈을 실현하려는 아틀리에에서, 그리고 흰 드라이버로 흰 공을 때려 스트레스를 함께 날려 보내는 골프연습장에서 ….

'여자 빈둥이' 백조(선영이)의 호수 역시 골프 연습장이다. 선영은 '빈사(瀕死)의 백조'가 되고 싶지는 않았다. 건강이 행복이니까. 늙은 백수·백조들에겐 더욱이. 그래서 그녀는 오늘도 그녀의 호수에서 힘차고 우아하게 날개를 폈다 접었다 하면서 흰 드라이버를 휘두르고는 먼 하늘로 시선을 보냈다.

페시미즘의 종착역

1

페시미즘(*pessimism*, 염세주의)은 인생의 참다운 행복이나 의미를 얻는 것에 절망하고 인생을 변혁할 수 없는 부정적인 것으로 보는 시각이다. 악이 지배하는 세상에 살 가치조차 없다는 생각으로 확대되고, 인간뿐 아니라 이 지상의 모든 것들에 대한 증오감의 극치를 드러내 주기도 한다.

그런 까닭에 페시미즘의 종착역은 자살로 이어진다. '자살'하면 맨 먼저 떠오르는 것이 《젊은 베르테르의 슬픔》(괴테)의 주인공 청년 베르테르의 '권총자살'이다. 유부녀 로테에 대한 가망 없는 사랑으로부터의 도주, 귀족들로부터의 멸시 그리고 우울증에 걸린 어두운 가을날 밤 12시. 그는 단정히 정장을 하고 있었는데 노란 조끼

에 푸른 연미복을 입고 책상 앞 안락의자에 앉아 공허한 마지막 독
백을 한다.

당신으로 인해서 죽게 될 행복을 차지하다니 로테여! 당신을 위해서
나를 드립니다. 당신을 위하고 당신 삶의 평온함과 기쁨을 또 다시
이룰 수 있다면 나는 용감히 기쁘게 죽으렵니다. … 생명을 자기의 친
구를 위해 불태워 버리는 일은 다만 소수의 숭고한 사람들에게만 부
여된 것입니다. … 첫 순간부터 당신을 잊을 수가 없었습니다. 이 리
본을 나와 함께 묻어 주시오. 내 생일에 당신이 내게 주셨던 그것을,
그토록 내 가슴 속에 간직했던 것을….

그리곤 머리에 총을 겨눈 것이었다. 그로써 그의 오랜 번민도 함
께 잠들었다.

그런데 자살의 양상도 시간과 공간을 초월하여 꽤 다양하다.
《신의 희작(戲作)》(손창섭)에서 주인공 S는 열세 살 철들 무렵 목
매는 자살을 시도한다. 어릴 적 유곽거리에서 창녀와 손님이 목매
어 죽은 환영을 떨쳐버리지 못하고, 평소에 '칵 뒈져라' 소리를 듣
고 자란 그는 정말 칵 죽어버리려고 결심한다. 자신의 야뇨증과 불
우한 가정환경을 비관하여 부엌 서까래에 새끼 오라기를 매어 자살
소동을 벌인다.

《아를의 여인》(알퐁스 도데)에서 이십 세 청년, 장 프레데리는 이

미 남의 여자가 된 '아를의 여인'을 잊지 못하고 사랑하는 갈등 속에 조울증에 시달리다가 투신자살을 한다. 축제일 저녁에 파랑돌 춤에 열중하며 명랑한 척 했던 장은 새벽녘에 다락방 창문에서 뛰어내린 것이다.

《전원교향악》(앙드레 지드)의 제르트뤼드도 투신자살을 한다. 눈 먼 소녀가 눈을 뜬 후 세상의 막다른 골목—. 5남매의 가장인 목사에게서 색욕의 번민을, 그의 아내에게서 가난에 찌들린 모습과 질투와 모멸을, 자기의 이상형인 목사의 아들과의 좌절된 결혼. 한 가정을 파괴했다는 죄의식 …. 그 속에서 혼수상태로 밤을 보낸 후 동틀 녘에 그녀는 다리 위에서 냇물 속으로 뛰어 든 것이다.

특히 《안나 카레니나》(톨스토이)의 피날레(*finale*) 부분에 보면 안나야말로 염세 사상에 흠뻑 젖어 있었다. 모든 것이 추악하고 밉게 보이고, 모든 것으로부터 증오에 찬 눈길을 느끼며 혐오감을 일으켰다. '불안하게 하는 저것들로부터 도피한다.' 이렇게 안나는 반복했다. 플랫폼으로 열차가 들어오고 있었다. 이때 돌연 그녀는 브론스키와 처음 만나던 날의 역사자(轢死者)의 일을 회상하고, 여기서 자기가 할 일을 알았다. …"저기로, 저 한가운데로, 그리고 나는 그 사람을 벌하고 모든 사람들과 나 자신으로부터 도피해야지 …." 그녀는 다음 열차의 차륜에서 눈을 떼지 않았다. 달려오는 열차의 바퀴와 바퀴 사이 한가운데로 몸을 던져 무릎을 꿇었다. "신이시여, 모든 것을 용서해 주십시오." 그 순간 거대하고 무자비한 차체가 그녀의 머리를 꽝치고는 등을 잡아 이끌어 갔다. 이리하여 그녀의 몸은 촛불처럼 환하게 타다가 어두워져 영원히 꺼져 버렸다.

모파상은 누구보다도 죽음에 대한 집념이 강했다. 그의 여러 작품에는 구원 없는 페시미즘이 흐르고 있다. 그는 냉소적이고 염세적인 분위기 속에 합법적인 자살방법을 상상하기도 했다.

《첫눈》에서는 여주인공이 고지식하고 이기적인 남편과 무의미한 생활 그리고 긴 겨울 추위에 대한 두려움 때문에 고의로 폐렴에 걸려 죽음에 이른다.

《죽음보다 강한 사랑》에서 주인공 올리비에 베르탕은 백작 부인과 그녀의 딸 아네트와의 사랑의 갈등 속에 마차에 뛰어 들어 결국은 자신을 죽음으로 몰고 갔다.

《잠으로 이끄는 여인》에서는 생에 절망한 자를 방향(芳香) 속에서 미소 띠면서 죽음의 잠으로 이끌려고 했다.

《의자 고치는 여자》에서는 여주인공이 짝사랑하던 슈케가 결혼한 사실을 알고 죽으려고 연못에 몸을 던졌다. 그 순간 행인에 의해 죽음을 모면했지만 그녀의 생명은 오래가지 못했다.

《올리브나무 숲》은 아무도 그 종말을 상상할 수 없게 매듭지어져 있다.

주인공 빌브와 신부는 원래 멋쟁이 남작이었는데 사랑에 실패하고 삼십이 세에 신부가 되었다. 그는 신부라는 직분보다는 장군에게 어울리는 건장한 풍모와 이마를 갖추고 있었다. 청년시절 한 여배우를 끔찍이 사랑했는데 그녀가 배신을 하자 방랑의 길을 떠났다. 프로방스의 어느 골짜기 올리브 나무의 거무틱틱한 숲속에 은거하여 20년간 사제의 일을 보고 있었다. 그런데 한 청년이 신부의 젊은 시절 사진을 가슴에 품고 신부를 찾아온다. 그 청년은 신부의 아들 필립 오귀스트였다. 그는 부랑자로 16세에 감화원에 들어갔다가 나온 후 의붓아버지에게 복수하고 다시 감옥살이를 하고 나온 직후였다.

아버지(신부)는 굶주린 아들에게 식사와 술을 제공했는데 술에 취한 아들은 어떤 착각으로 칼을 들려고 하자 신부가 식탁을 떠밀어 그를 쓰러뜨리고 램프도 꺼지는 소동이 일어난다. 암흑과 침묵이 한 시간 이상 계속된 후, 하녀가 달려와 사태를 알렸다. 두 사람은 잠들어 있었는데 하나는 목에 칼이 찔려 영원히 잠들고, 또 하나는 술에 취해 곤히 잠들어 있었다. 경찰은 술 취한 사나이에게 수갑을 채웠지만, 빌브와 신부는 자살하였는지도 모른다는 암시로 끝맺음을 하고 있다. 아니 그것은 확신할 수 있다. 신부는 힘이 세어 자기 방어는 할 수 있었으므로 술 취한 부랑자 아들에게 당하지는 않았을 테니까. 그리고 아들은 이미 술에 취해 잠들어 있었다.

'올리브 나무의 뒤틀린 줄기들은 괴물처럼 서로 엉킨 지옥의 뱀같이 보였다'라는 구절은 이미 다분히 비극적인 결말을 예고해 주고 있었다. 아버지와 아들(사생아), 얄궂은 운명에 대한 분노를 25년간 키워 온 신앙도 물거품으로 변하게 했다. 그들 속에 숨어 있던 마귀가 튀어 나온 것이었다.

모파상의 작품에는 예외 없이 그의 자전적 요소가 가미되어 있다. 그가 평생 독신으로 지낸 것도 결혼에 대한 두려움 때문이었다고 한다. 그 자신이 부모의 가정불화를 겪은 영향으로 불행한 결혼생활의 절망과 비탄을 그리곤 했다. 그리고 보불 전쟁의 참상에 대한 극도의 혐오감, 농민과 말단 관리들의 삶의 고뇌와 비애, 위선적인 사회에서 고통 받는 여성들의 극단적 삶에 대한 연민과 풍자…. 《여자의 일생》도 사실 작가 자신의 페시미즘이 관통하고 있다. 인생의 단면을 나타내는 삽화처럼 남자들의 뻔뻔스러움, 늙어가야 하는 인간의 비애, 교육과 종교의 모순 등 깊은 절망과 혐오가 집약되어 있다.

헤밍웨이(E. Hemingway) 문학의 중요한 테마는 '죽음과의 대결'이었다. 제1차 세계대전 당시 부상을 입고 사경을 헤맨 이후, 죽음에 대한 공포가 평생 그를 떠나지 않았다. 그래서 그의 작품은 인간 세계의 전반적인 생활 자체를 모두 '허무'로 보고, 그 허무 속에서 인간 육체의 생명력을 가지고 싸우며 패전을 예견하고 '죽음'에 직면하는 일종의 스토이시즘(*Stoicism*)*의 애달픈 호소였다.

그의 작품 거의가 '죽음'에 대한 '일보직전의 인간의 몸부림치는 행위'를 묘사한 것이다. 그러한 혼돈과 허무 속에서 발견한 우리 자신, 단순하고 소박한 인물들이 탄생되어, 자기고유의 윤리와 자기생활의 규범을 지닌 '개인주의 도덕'의 극한을 보여 주기도 한다.

《무기여 잘 있거라》에서는 캐서린이 난산 끝의 아기와 함께 세상을 하직하게 되고, 《인디언 캠프》에서는 인디언 부인이 제왕절개 수술을 받으며 출산하는 동안 그 인디언 남편은 면도날로 귀에서 귀까지 그 사이의 목을 베어 자살하고 만 것이었다. 《킬리만자로의 눈》에서 남자 주인공 해리는 뜻하지 않은 사고로 인해 '괴저병'(壞疽病)에 걸려 허망하게 죽으면서 얘기는 끝난다.

헤밍웨이의 부친은 사냥, 낚시, 스포츠에 비상한 정열을 쏟던 유능한 산부인과 의사였다. 일생 동안 약 3천 명의 아기를 받았다고 한다. 그 많은 생명이 태어나는 것을 도운 그 아버지가 권총자살을 한 가족사(家族史)가 있다.

죽는 것도 부전자전(父傳子傳)이었던 것 같다. 그처럼 혈기 왕성했던 헤밍웨이 자신도 말년에 신경쇠약(우울증과 과대망상증)으로 시달리다가 몇 차례 자살을 기도했다. 급기야 1961년 62세 생일을

---

* 스토이시즘(*Stoicism*) : 고대 그리스의 스토아 철학 또는 스토아학풍의 정신적 태도를 가리키는 말. 실천도덕에서 희열이나 비애의 감정을 누르고 평정한 태도로 운명을 감수하는 처세관.

앞두고 엽총자살로 생을 마감했다. 결국 그는 허무에 시달리던 모색과 방황의 시기, 그의 부정적 비전(*vision*)에 일관되어 있던 '잃어버린 세대'로 귀의(歸依)한 것일까?

2

　이렇듯 페시미즘의 종착역은 죽음 또는 자살이다. 유부녀에 대한 가망 없는 사랑과 귀족들에게서 멸시의 눈총을 받으며, 우울증에 걸려 비관, 권총 자살한 젊은 베르테르, 불우한 가정환경에서 목격한 목매 죽은 환영을 못 떨쳐 버리고 자기도 목매어 자살을 시도한 열세 살의 S. 남의 여자가 된 '아를의 여인'을 못 잊어 조울증에 걸려 창문에서 투신자살한 장 프레데리. 눈먼 소녀가 눈을 뜬 후 자신이 상상했던 세계와 너무 다른 현실에 번민하다가 끝내 냇물에 뛰어 들어 죽음을 선택한 제르트뤼드. 세상의 모든 것들로부터 배신당한 느낌을 받으며 그들을 증오하고 저주하면서 열차에 몸을 던진 안나 카레리나. 모파상의 여러 작품 속에서 그가 다룬 죽음과 자살, 그리고 모파상 자신도 심취했던 염세주의에 의한 죽음의 집념으로 자살하기에 이르렀다. 헤밍웨이의 작품 속의 여러 죽음과 자살, 그리고 자신의 엽총자살.

　그 많은 죽음에 관한 작품들을 읽고 그 작가들의 생애를 탐구하면서 나 또한 한동안 허무주의와 비관론에 이끌려 침통한 나날을 보냈다. 그리고 나이 듦의 비애 속에 이제 나도 죽음에 대비해야 할 때를 맞이한 것이 아닌가? 그렇다면 나는 과연 어떻게 죽게 될 것인가? 잠이 안 오고 누굴 만나는 것도 피하게 되고, 모든 것이 시들해지고 동굴 속에 숨어 버리고 싶은 심정이었다.

　그리고 몸에 이상 반응이 나타났다. 몸에 두드러기가 나서 피부과에 가야 했고, 손발에 쥐가 나고 허리가 시큰거려서 신경외과에 가야 했고, 눈도 갑자기 따끔거려서 안과에 가야했다. 그리고 계속 죽음에 대한 생각이 머릿속에서 떠나지 않았다.

　그 무렵 나는 경주를 방문할 일이 있었다. 참 다행스런 기회라고 생각했다. 애비게일 트래포드*처럼 경주에서 내게도 어떤 변화가 있기를 기대했다. 여러 곳을 관광한 후, 토함산 동쪽 중턱에 자리한 석굴에 이르렀다. 등을 밝힌 주실(主室) 안을 들여다보았다. 차갑고 단단한 백색 화강암으로 빚어진 그 석상은 각진 데가 없어 곡선으로 이어져 부드럽고 매끈한 피부가 눈부셨다. 사람들의 영혼을 자석처럼 끌어들이는 그 불가사의한 본존불상의 모습—.

　내면의 깊고 숭고한 마음과 석굴 전체에서 풍기는 은밀하고 신비로운 분위기는 영상예술의 극치를 보여준다. 그리고 그로부터 전

---

* 애비게일 트래포드: 〈워싱턴 포스트지〉 칼럼니스트. 《나이 듦의 기쁨》의 저자.

류가 흐르듯 은연중 전달되는 자비로움, 너그러움, 그리고 다독거림이 내게로 다가온다. 이로써 나는 마음의 위안을 받은 것이다. '사람의 마음을 편안하게 해 주는 것', 이것이야말로 어떤 형태든 인간 본연의 신앙인 것이다. 이젠 모든 것으로부터 초탈할 수 있을 것 같다. 죽음조차도 ….

  '건강한 신체에 건전한 정신이 깃든다'고 존 로크(J. Locke)는 말했다. 그러나 나는 '건전한 정신에 건강한 신체가 깃든다'고 말하고 싶다. 좋은 생각을 해야 좋은 행동이 나오고 육신도 건강해진다. '죽음'에 대한 생각은 나중에 하자. 밤에 혼자 누워 천정을 바라보며 하던 오만가지 생각을 접고 일어나야겠다. 이제는 숨지 말고 나서자. 과감하게. 좀 뻔뻔스러워지면 어떠랴. 건강하게 살아있고 아직도 지혜로운 머리를 간직하고 있다는 것은 축복받아 마땅하다. 건전한 생각으로 더욱 건강해지면 봉사하는 몸도 더욱 가벼워지리라.

  과연 여행이나 신앙은 고독한 페시미스트들의 마음을 달래주고 상처를 치유(治癒)해 주는 삶의 절실한 요소들이다.

정년 (停年)이라는 이름의 무덤

옛날에 칠십 된 자기 부친을 아들이 지게에 지고 가서 산 중에 버리고 돌아올 때에, 그를 따라 왔던 그의 어린 아들이 그 지게를 다시 가져오자 그는 왜 지게를 가져 오느냐고 물었다. 어린 아들이 아버지도 늙으면 이 지게에 지고 와서 버려야 하기 때문에 가져 온다고 대답했다. 그 말에 그는 뉘우치고 늙은 아버지를 다시 집에 모시고 가서 잘 봉양했고, 그 후로 '고려장'이 없어졌다는 이야기가 있다.

아이들은 보고 듣고 배운다. 즉 시청각 교육은 교실 밖에서 많이 이루어진다. 노인을 공경하는 사회가 행복하고 건강한 사회다. 가까운 중국의 예를 들면 휠체어에 늙은 부모님을 태운 채 세계일주 여행하는 젊은이도 있으며, 일본에서는 교육계나 서비스 업종에 실버세대를 고용하여 서로의 인정과 신뢰를 구축하고 있다고 한다.

필자도 육십이 세에 정년퇴임을 하였다. 그 후 6개월간은 직장에 매어 있지 않은 '자유로움'을 만끽했는데 차츰 '내가 왜 이렇게 빨리 직장을 그만 두어야 했나?'라는 회의로 잠을 못 이루게 되었다. 그리고 정년 단축을 밀어 붙인 장본인들이 원망스럽기조차 했다.

그 회의(懷疑)는 날카로운 비판의식으로 변했다. 똑같이 교육자인데 초·중·고 교사는 정년이 만 62세고, 대학교수는 만 65세라는 것은 불평등한 제도가 아닌가? 역으로 생각해 보면 초·중·고에 다니는 아이도 학생이고, 대학 다니는 애도 학생이다. 초·중·고 학생은 밥 적게 먹이려고 밥그릇 빼앗아 가는 것이나 다름없다. 이런 차별은 교육부나 위정자들 스스로가 평등교육이념에 어긋나는 부당한 행위를 하는 것이다. 그동안의 초·중·고 교사들은 너무도 맘씨가 착했다. 그런 부당한 차별을 받으면서도 묵묵히 열악한 교육환경 속에서 교단을 지켰으니 ….

이러한 절실한 교원들의 정년문제를 누가 어떻게 다루겠는가? 어떤 교육포럼에서도 다루기를 꺼려하고 형식적인 입시문제만 언급하고 탁상공론만 할 뿐이다.

한 교육 토론회가 있던 날 돌아올 때 지하철을 탔다. 방향이 같은 퇴임하신 K선생님이 내 옆에 앉으셨다. "요즘 어떻게 지내세요?" "매일 등산 다녀요." "여자들도 집에만 있으면 답답한데, 남자들은 더 하겠어요.” “말하면 뭐 합니까? 62세 정년은 여러모로 부당해요. 아니 그렇게 제도를 만든 사람은 처벌받아야 돼요. 무고한 생명들을 무덤으로 이끈 ‘소리 없는 살인’을 했지요. 생매장이나 다름없어요.”

선생님들이 이렇게 가슴 속에 한을 품고 있는 줄을 정말 나도 몰랐다. 그래도 ‘바른 목소리’를 내는 것은 신문뿐이었다. 한국 교육신문에는 가끔 정년 연장에 관한 글이 실려 있어서 읽은 적이 있다. 제목은 “고령화 사회 문제 정년 연장이 해법”인데 초등학교 교장선생님이 쓰신 것이다.

지난달 17일에 재정경제부가 발표한 ‘비전 2030, 2년 빨리 5년 더 일하는 사회 만들기 전략’이라면 평균 수명이 늘어나는 데 따른 고령화 사회에 대비해 퇴직정년을 연장해 일할 수 있는 사람이 더 일할 수 있도록 정년을 지금보다 더 늘려야 하는 것이 이치에 맞는 일이다. 최근 대법원에서 판례한 보험금 지급대상 정년기준을 보면 변호사, 법무사, 승려는 70세로, 의사, 화가, 소설가, 목사 등은 65세로 그 외 직종은 60세로 판시했는데 교직을 전문직이라고 인정한다면 교직의 정년이 65세가 돼야 할 것이다.

따라서 지금이라도 줄어든 교육공무원의 3년 정년을 원래대로 환원해야 하며 ‘비전’ 2030을 적용한다면 오히려 그보다 더 정년을 연장해야 하는 것이 정답일 것이다. 끝으로 고령화 사회를 대비한 각종 국가지원정책도 중요하지만 그 보다 더 먼저 할 일은 말 할 수 있는

활동 공간을 마련해 주는 인프라 구축을 위해 정부와 각 교육단체나 학부모 및 시민단체 그리고 대선주자들의 관심과 노력이 그 어느 때보다 절실히 요구된다.

(2007. 6. 11일자)

또 하나는 경기교총수석부회장 일을 하시는 선생님이 쓰신 글인데 제목은 "교원 정년 환원을 위해 노력하자"이다.

1999년 김대중 정부시절 당시 이해찬 교육부장관은 '젊은 교원을 확충해 교육환경을 개선한다'는 이유와 '고 경력 교원 한 명 퇴출시키면 젊은 교원 2.5명을 기용할 수 있다'는 경제적 논리로 교육공무원 법을 개정해 65세의 정년을 62세로 단축시켰다. 당시 많은 교사들은 '늙은 교원은 무능력자'라는 교육부장관의 잘못된 인식에 항의하는 뜻으로 명퇴를 신청했고 이에 따른 부작용을 우리는 경험했다.

우리와 사회구조가 비슷한 일본의 경우 공무원 정년을 60세에서 65세로 연장하는 것을 추진했고, 서구 선진국의 경우 교원정년이 대부분 65세 이상으로 정해져 있다. 더욱이 최근 평균 수명이 연장됨에 따라 정년을 연장하는 추세여서 정년을 줄이는 것은 세계적 추세와도 배치되는 것이다.

(2007. 10. 29일자)

한국에서 대학교수 정년이 만 65세인데, 초·중·고 교사들은

(만 62세라도) 묵묵히 교단을 지키고 있는 현실에서 S대, H교수는 미국으로 교수직을 옮겨 가면서 이렇게 말했다. "나이가 들어도 강제적으로 은퇴할 필요 없이 원할 때까지 연구할 수 있고 행정잡무 없이 연구에만 치중할 수 있는 환경이 맘에 들어 옮기게 됐다"(2007. 11. 21일자 C일보) H교수뿐 아니라 여러 다른 교수들도 정년 없는 대학을 따라 훨훨 날아가는 철새처럼 떠나갔다.

통계청 자료에 의하면 한국남성의 기대 수명은 75.7세이고, 여성의 기대 수명은 82.4세로 길어졌다고 한다.(2007. 12. 16일자 C일보) 각설하고, 교원의 정년을 없애든가, 또는 만 67~70세로 연장하는 방안이 마련되고 시행되어야 마땅하다.

물론 실버세대들의 시력이나 청력은 젊을 때 같지 않지만, 은근과 끈기와 뒷심이 아직도 꿋꿋하다. 자고로 긴 수염의 하얀 신령님 같은 백발이 성성한 노인들이 훌륭한 인물들의 스승이었다. 좀 더 직장에서 일하고 봉사할 수 있는 방안이 절실하다. 허구한 날 등산으로 시간을 때우다가 죽어가는 별처럼 낯선 변두리에서 노후를 마감해야 하는 것이 더욱 서글프다.

봄으로 가는 길목에서 황량한 벌판에 흩날리는 서설(瑞雪). 겨울 여신이 붙잡아 부서지는 흰 옷자락의 비늘같이 가냘픈데, FM 전파를 타고 흘러나오는 애잔한 음악. 러시아의 영혼, '천상의 은빛 목소리' 올렉 뽀구진의 〈나 홀로 길을 가네〉였다. 오늘 따라 끔찍이 가슴에 와 닿는다. 눈 내리는 날의 이 '비가'(悲歌)는 비 오는 날의 '비창'(悲愴) 만큼 울림이 크다.

나 홀로 길을 가네.
안개 속에서 반짝이는 자갈길을 걸어가네.
밤은 고용하고 황야는 신의 음성에 귀 기울이고,
별들은 소곤거리고 있네.

하늘의 모든 것은 장엄하고 경이로운데
대지는 맑고 푸른 빛 속에 잠들어 있네.
그런데 나는 왜 이토록 아프고 괴로운가?
무엇을 후회하고 무엇을 기다리는가?

삶 속에서 더 이상을 바라지 않고
지난날에 아쉬움도 느끼지 않으며
나는 자유와 평온을 구하고 싶네.
이제 모든 것을 잊고 잠들고 싶네.

그렇다고 실버세대 누구도 죽을 작정을 해서는 안 된다. 눈감고 명상에 잠겨 과거를 반추하고 미소 지으면서 고독의 강을 헤쳐 나가자.

영원한 주제, 인간 평등

사람들은 대개 젊을 적엔 꿈을 먹고 살고, 늘그막엔 추억을 먹고 삽니다. 저는 실버세대로서 추억과 꿈을 함께 먹고 삽니다. 욕심이 많은 편일까요?

국립도서관이 발표한 '국민독서실태조사'를 보면 국민 24.1%가 지난 한 해 책을 한 권도 읽지 않은 '책맹'(冊盲)이라고 합니다. 1994년에 책맹은 13.2%, 1999년에는 22.2%로 늘더니, 이젠 국민 4분의 1에 이르렀다고 합니다(2006. 12. 18일자 C일보). 이런 실정에서 그래도 저는 근면한 독서 생활과 건전한 여가를 보내고 있다고 생각됩니다. 실버세대인데도 매일 독서를 하고 있으니까요.

저는 평소에 신문이나 책을 꽤 꼼꼼하게 봅니다. 관심 있는 분야는 정치 · 경제란보다 교육 · 문화 쪽의 기사나 글입니다. 맘에 드는 대목은 연필로 밑줄치고, 날짜를 기록하고 오려내서 스크랩북에 끼워 둡니다. 교육·문화 분야에서도 제가 특히 관심 있는 것은 인간 평등과 실버세대, 그리고 잊혀 가는 것들에 대한 아쉬움과 그리움 그리고 안쓰러움입니다.

돌이켜 보면 저는 참으로 많은 차별을 받으며 성장했고 근무를 해왔다고 생각됩니다. 가정에서는 넷째 딸이라고 차별받고 대학도 안 보냈는데 제 힘으로 다녔고, 직장에서는 기관장이 제가 부임했을 때, "남자를 원했는데 이번에도 또 여자선생님이 왔다."고 못마땅해 한 적이 있었습니다. 또 사대(師大) 출신이 아니고 일반 대 출신 교육자라서 받았던 보이지 않는 차별 대우 등….

그래서 저는 구박퉁이 넷째 딸이지만 부모님 마음을 편하게 해드리려고 공부도 열심히 했고, 여자라서 일 못 한다 소리 안 들으려고 더 열심히 일하고 연구하고 가르쳤습니다. 일반교사보다 한 시간 일찍 출근했고, 한 시간 늦게 퇴근했으며 방학 때도 쉬지 않고 연구논문 쓰기에 온 힘을 쏟았습니다.

그렇게 열심히 살아 온 교직생활을 마감하고 나니, 시원함보다 아쉬움과 미련이 남아 있었습니다. '나이는 숫자에 불과하다'는 말이 실감이 났습니다. 나이는 들었어도 마음은 청춘이고 아직 힘이 넘치니…. 그래서 요즘은 어릴 적 꿈(글 쓰는 사람이 되는)에 매달려 시간가는 줄 모릅니다.

제가 매일 화초와 책들과 대화하고 스킨십을 나누며 살고 있으므로 제1부 '살며 느끼며'에서는 그런 예민한 감수성을 표현해보았습니다.

제2부 '불평등에의 공감'에서는 제가 뼈저리게 느껴 온 인간차별 또는 양성차별에 대한 반감의 몇 조각만 나타내 보았습니다.

제3부 '깃털 같은 영혼의 편린'에서는 영적인 존재인 인디언(인디오)들의 정신세계를 얘기하고 싶었습니다. 잊혀 가는 그들과 그들의 문화가 안타깝습니다. 미상불 동물을 사냥하듯 그들을 마구 살육했던 유럽의 여러 나라 와 미국 정부도 인디언(원주민)들에 대해 어떤 반성이 필요하지 않을까요? 마치 호주 총리 케빈 러드가 "원주민 '애버리지니스'에게 엄청난 고통과 슬픔을 안겨준 역대 정부의 법과 정책에 대해 사과한다"고 공표한 것처럼.

그리고 버드나무, 인디언, 고양이, 집시, 친구. 이런 단어들의 코드는 영혼의 고리로 이어져 있습니다.

제4부 '파이팅(*fighting*), 실버세대'는 늘그막 세대들의 애환(哀歡)의 일부를 들려주고 싶었습니다. 실버세대들이 퇴임하고 나서도 직장에 계속 근무하는 사람은 극소수입니다. 대부분은 더 일하고 싶지만 무료하게 시간을 보내고 있습니다. 이것이 문제입니다. 요즘은 건강이 양호하면 90~100세까지도 수명이 연장될 수 있는 데 60대 초반부터 일을 그만 두게 되면 30~40년을 허송세월 하는 셈입니다. 그러니 정년 연장이 마땅한 겁니다.

건강이 안 좋으시면서도 귀중한 옛 영상물을 자식같이 끌어 안고 옛 것에 목말라 하는 이들에게 기억의 저 편을 뚜렷이 인식시켜 주시는 분. '미래 영상' 손태영 대표님께, 그리고 저의 건강을 지켜 주시고, 위기에서 저를 보호해 주시는 수호천사님께 감사드립니다.

그리고 무엇보다도 바다와 같은 포용력으로 모든 이를 감싸 안고 유유히 격(格)의 연륜을 쌓아 가는 나남의 조상호 사장님, 방순영 편집부장님, 그리고 김주양님께 충심으로 고마운 뜻을 전해드립니다.

2008년 7월

바다에 영혼을 헹구고

노 승 자

인디언을 주제로 한 영화의 줄거리 모음

〈늑대와 춤을〉(*Dances With Wolves*, 1990, 케빈 코스트너 감독)

미국의 남북전쟁이 한창이던 무렵, 북군의 존 던버 중위는 부상의 통증을 견디다 못해 죽을 각오로, 남군 진영 앞으로 말을 달린다. 이것이 적의 교란 작전이라고 인정되어 그는 영웅이 된다.

다리 절단 위기를 넘기고 완치된 그는 자원하여 서부로 간다. 그 당시 다코타 주의 '세지웍'이라는 대평원의 요새로 보내진다. 그런데 세지웍 요새는 뼈만 남은 황폐한 빈집으로 던버 중위는 혼자서 요새를 정비하며 지원 부대를 기다린다. 30일이 지나도록 아무런 교신이나 지원이 없이 그는 일기장과 말 한 필과 친구 늑대 한 마리와 함께 그 평원에서 산다.

하루는 주변 정찰 중 나무 아래서 자살을 시도하는 한 백인여자를 구하여 인디언 부락으로 데려다 준다. 그녀는 어려서 포니족(나쁜 인디언)에게 부모를 잃고 수우족(착한 인디언)에게 구출되어 이곳에 온 크리스틴이다. 인디언이 그녀에게 붙여 준 이름은 '주먹 쥐고 일어서'이다. 던버는 그 곳 인디언들 '열 마리 곰'(추장), '발로 차는 새'(촌장), '머리 속의 바람'(청년) 등과 사귀고 '늑대와 춤을'이라는 이름을 얻게 된다.

포니족이 약탈을 일삼고 수우족을 습격해 오자, 던버는 자기가 숨겨 둔 총을 가져다 수우족을 도와 승리를 거둔다. 그리고 '주먹 쥐고 일어서'(크리스틴)와 사랑 끝에 결혼한다. 그 동안 수많은 기병대가 요새에 파견된 줄도 모르고, 던버는 일기장을 가져오려고 요새에 들렀다가 그들에게 잡힌다. 처음에는 그가 인디언인 줄 알았지만, 심문 끝에 탈영병으로 판명되어 헤이스 요새로 후송되어 교수형에 처해질 판이었다. 인디언들은 던버를 기다리다가 낌새를 알아차리고 강기슭에서 지키고 있다가 던버를 후송하는 백인기병대 마차를 습격하여 그를 구해갔다.

던버와 크리스틴은 하얀 겨울에 그들 곁을 떠나갔고, 인디언들도 그들 캠프를 떠나 더 깊은 산 속으로 숨었다. 그들의 싸움은 음모, 영토, 권력을 위한 것이 아니고, 다만 겨울 양식과 아녀자를 지키기 위한 싸움이었다. "인생을 살아가는 데는 많은 길이 있지

만, 가장 멋진 길은 참다운 인간으로 사는 거지"라는 '발로 차는 새'
의 말이 머릿속에 맴돈다.

라스트 신, '13년 후 그들의 마을은 폐허가 되었고 수우족은 네브
라스카 로빈슨 요새에서 백인에게 항복하였다. 평원의 위대한 기마
민족문화는 사라지고 서부는 역사 속으로 소리 없이 묻혀 갔다.'

〈미션〉(*The Mission*, 1986, 롤랑 조페 감독)

첫 장면의 자막이 이렇게 떠오른다. "이 영화 속의 역사적 사건
들은 모두 사실이며, 1750년 아르헨티나 파라과이 브라질 국경에
서 있었던 일이다." 그리고 주교가 교황에게 보고 형식의 편지를
쓰는 장면과 내용이 나온다. "교황님의 영토 꼴에서 발생한 문제는
해결되었습니다. 인디언들은 다시 스페인과 포르투갈인의 노예가
될 것입니다. … 여긴 남아메리카 라플라타의 앙상센이란 마을인데
산 미겔 선교회에서 2주일 걸리는 곳입니다. 이 선교회는 개척민들
로부터 인디언을 보호하려 했으나 오히려 매우 유감스러운 결과를
초래했습니다. 이곳 인디언들은 음악을 사랑하고 로마음악학원의
바이올린도 그들이 만든 것이 많습니다. 신부들은 고산지대까지
복음을 전하려 했는데 아직도 원시 상태로 살아가던 인디언들은 순

교를 당했습니다.”

　신부들이 선교활동을 하러 왔다가 원주민에 의해 십자가에 묶여 폭포에 던져지는 일이 그 동안 계속되었다. 그러나 가브리엘 신부는 강과 폭포수의 마을에 도착하자마자 피리를 불어 인디언의 마음을 사로잡았다. 그래서 과라니부족은 하느님을 믿기 시작하였다.

　노예상인 로드리고 멘도사는 자기 애인 아니에라가 자기보다 동생을 더 사랑하는 것을 알고 분노하여 동생과 격투 끝에 죽이고 만다. 그 후 자책으로 실의에 빠져 있던 그는 가브리엘의 권유로 속죄하고 신부가 된다. 그는 가브리엘과 함께 인디언 마을을 '지상낙원'으로 만들기 위해 헌신한다.

　그러나 그 마을의 지배자 포르투갈 총독은 인디언들을 마을에서 몰아내려 하자 신부들은 그들의 생존권을 인정해 주길 간청한다. 교황청에서 파견된 주교는 인디언 마을을 방문하고 감탄했다. “잘라 내야 할 곳이 이렇게 아름다운 줄은 몰랐다. 에덴동산이군.”

　신부들의 노력에도 불구하고 포르투갈과의 협상이 이뤄지지 않자, 인디언추장은 남아서 싸우기로 결심한다. 신부들은 철수령이 내렸지만, 로드리고도 순종의 맹서를 포기하고 전쟁 준비를 했다. 가브리엘 신부는 싸우기를 원치 않았다.

　드디어 포르투갈 군대가 몰려와 싸움이 시작되었다. 로드리고는 칼과 활로 맞서 싸웠고, 가브리엘 신부는 큰 십자가를 들고 인디언

신자들과 함께 교회 밖으로 행진해 나온다. 그러나 순식간에 모두 (신부, 추장, 어린이, 산모 등등)들 총에 맞아 쓰러진다. 교회와 마을은 불바다가 되었고 전멸되었다.

살아남은 인디언 소녀가 물에서 바이올린을 건져서 가지고 간다. 살아남은 어린이 일곱 명은 맨몸으로 쪽배를 타고 노를 저으며 협곡을 떠나간다. 마지막 장면에서 주교는 교황에게 쓰는 편지를 이렇게 끝맺는다. "이리하여 신부들은 모두 죽고 전 살아남았습니다. 허지만 진실로 죽은 건 나요. 산 자는 그들입니다. 왜냐하면 언제나 그렇듯이 죽은 자의 정신은 산 자의 기억 속에 영원히 남기 때문입니다."

그리고 떠오르는 자막들. 남아메리카의 인디언들은 자신들의 영토와 문화를 수호하려는 싸움을 지금도 계속하고 있으며, 신념과 사랑으로 가득 찬 많은 신부들이 삶과 정의를 추구할 그들의 권리를 옹호하고 있다.

맨 마지막 자막. "빛이 어둠에 비치되 어둠이 깨닫지 못하더라."
(요한복음 1장 5절)

첫 장면은 이렇게 시작된다. 어둠과 침묵 속에서 기침소리가 몇 번 들린 후 "내 이름은 잭 크랩이고 리틀 빅혼(Little Bighorn) 전쟁에서 살아남은 유일한 백인이야." 마치 미국의 블록버스터인 타이타닉의 시작을 101세의 노파가 85년 전 기억을 더듬어 전달하듯. 그는 111세의 노인으로 내레이터가 되어 이야기를 진행시켜 나간다. 취재자가 틀어 놓은 커다란 녹음기 앞에서.

"내가 열 살 때였어. 우리 가족이 대평원을 횡단하다가 인디언(포니족)들에게 몰살당했지." 마차가 불타는 평원을 배경으로 캐스트와 스태프의 자막이 떠오르고, 인디언의 한 맺힌 듯 구슬픈 피리 소리가 배음으로 깔린다.

"나와 캐롤라인 누나만 살았지." 그때 인디언(샤이엔족) 한 명이 말 타고 지나가다가 두 아이를 태우고 부락으로 간다. 그 인디언은 양아버지가 되어 잭에게 활쏘기, 말 타기를 가르쳤다. 전날 밤 누나는 어디론가 사라졌다.

어느 날 밤 사냥 중 포니족이 나타나 '젊은 곰'(인디언 소년)을 해치려 할 때 잭이 생명을 구해 주었다. '젊은 곰'은 "네게 이 말을 주겠어. 네게 생명을 빚졌어"하며 자존심을 상하게 되어 적이 되었다.

　그날 밤 잭은 몸집은 작지만 마음이 크다고 하여 할아버지로부터 '작은 거인'이라는 이름을 받게 되었다.

　얼마 후 백인병사들과의 싸움에서 부상당한 양아버지 '눈에 보이는 그림자'를 구해 낸다. 그러나 병사들에게 죽임을 당할 찰나 백인임으로 모면하게 되고, 잭은 싸일러스 펜드레이크라는 목사에게 넘겨져서 기독교 교육을 받고 세례도 받게 된다. 목사 부인은 요염했고 양아들 잭은 호감을 가지나 어느 날 상점 주인과 부정을 목격한 후 종교도 목사 집도 끝내 버렸다. 떠돌아다니다가 메리웨더라는 사기꾼 약장수를 만나 조수로 일하던 어느 날 괴한들에게 마차를 습격당했는데 그 두목이 바로 캐롤라인 누나였다.

　누나로부터 총 쏘는 법을 배운 후 어느 카페에서 유명한 총잡이 히콕을 만난다. 그는 잭에게 이렇게 말한다. "자네 눈엔 살기가 없어." 누나는 '총 안 쏘는 총잡이'라고 비난, 결별하게 된다.

　그 후 상인이 되어 올가라는 스웨덴 여자와 결혼하나 사기당해 거리로 내쫓긴다. 그때 거리에서 조지 암스트롱 커스터 장군을 만나 그를 따라 서부로 가게 된다. 가는 도중 마차가 인디언의 습격을 받아 올가가 납치당한다. 잭은 3주간을 그녀를 찾기 위해 헤맸다. 인디언 마을에서 어릴 때 사귀던 샤이엔족을 만나게 된다.

　양할아버지는 환영했지만 '젊은 곰'은 잭을 적대시하였다. 아내를 찾기 위해 다시 백인 군인병영으로 간다. 커스터 장군은 그에게 말한다. "다음 날 인디언과 대결이 있으니, 짐승들에게 복수나 해."
싸움이 시작되었는데 병사들이 여자와 어린이에게 총을 쏘므로 "안
돼요, 안 돼요!"라고 잭이 외치면서 군인들이 총 쏘는 것을 막았다.
"이 나쁜 놈, 너는 교수형이야." 잭은 암담했다. 그때 숲 속에서 산
고(産苦) 중에 있는 '햇빛'이라는 인디언 여자를 발견한다.

사내 아기가 태어난다. 아기를 안고 있는 그녀를 데리고 할아버
지의 천막으로 간다. 양아버지를 비롯해 많은 인디언 전사들이 죽
었다. 잭은 군인들을 피해 그곳에서 '햇빛'을 아내로, 그 아기를 아
들로 삼고 1년을 살았다. 그런데 뜻밖에도 그곳에서 '젊은 곰'을 만
났는데 그의 아내가 바로 올가였다. 올가는 그를 못 알아봤고 그도
나설 수가 없었다.

다시 백인군사가 싸우러 왔고 잭의 아내는 아기를 안고 도망가다
가 총에 맞아 죽는다. 잭은 군인에게 잡히고 ….

그는 술주정뱅이가 되어 진흙탕 속에 뒹구는 신세가 되었다. 그
때 총잡이 히콕이 나타나 잭에게 심부름을 시킨다. 룰루 케인이라
는 그의 정부에게 돈지갑을 전하는 심부름이었다. 그가 막 떠나려
는데 카페 안에서 총소리가 났다. 히콕이 한 소년의 총에 맞아 쓰
러졌다. 잭은 그래도 돈지갑을 전해 주려고 룰루를 찾아 갔는데,
그녀가 바로 양어머니 목사 부인이었다. 그녀는 창녀가 되어 있었
다. 잭은 그녀가 새 출발하도록 돈지갑을 건네주고 다시 산 속으로

들어간다. '인생은 살 가치가 없다'고 생각하고 자살하려던 순간, 등 뒤에서 군악대 소리가 울려오고 있었다. 그는 다시 군에 복귀, 정찰병이 되었다.

샤이엔족과 수우족의 합동 유인작전으로 '리틀 빅혼싸움'은 인디언의 승리로 끝났다. 백인 패잔병 잭을 구해준 인디언은 '젊은 곰'이었다. "난 이제 빚이 없다." 그는 샤이엔족의 추장이 되어 용감히 싸웠다. 할아버지는 아직도 정정하셨다. "오늘은 이겼지만, 내일은 이기지 못할 거야. 가자. 산꼭대기로." 할아버지가 산 정상에서 신에게 힘을 달라고 기도를 드릴 때, 응답하듯 하늘에서 비가 내렸다.

마지막 자막이 나온다. 평화롭게 살 땅을 약속 받았던 '인간(인디언)'들의 이야기. 그 땅은 영원히 그들의 것이다. 풀이 자라고 바람이 불고 하늘이 파란 이상. 이로써 노인 잭 크랩의 음성 녹음은 끝이 난다.

〈제로니모〉(*Geronimo*, 1993, 월터 힐 감독)

첫 장면 자막이 이렇게 뜬다. "남서부 키리카화 아파치족은 미국 정부의 보호구역 지정에 저항하는 마지막 인디언이었다. 진압 임무를 맡았는데 멕시코 변방 아파치 요새까지의 대장정 끝에 20년을 끈 전투가 막을 내렸다. '하품하는 사내'로 멕시코인들은 오래 전부터 그를 '제로니모'라고 불렀다."

텍사스 출신 육사를 갓 나온 22세의 소위 브리튼 데이비스가 첫 발령지 애리조나로 부임하였다. 그가 받은 첫 명령은 제로니모를 잡아오는 것이었다.

제로니모는 미국 크룩 장군에게 투항하고 총을 반납하여 곧 칼로스로 호송하게 되어 있었다. 보호구역 책임자로 데이비스 소위가 정해졌다. 비좁은 보호구역에서 500여 명의 아파치들이 갇혀 사는데 하루는 '시베큐' 무당이 "죽은 추장들이 일어선다"는 신통력을 퍼트린다. 제로니모도 머릿속에서 '백마가 달리는 신통력'을 느낀다. "무당춤을 중지하라"는 백인의 지시를 안 듣고 계속하자, 시베큐 무당은 총살된다. 이를 계기로 양측이 총격전을 시작하게 된다.

제로니모는 아파치들을 데리고 산으로 도피한다. 장군이 다시 협상을 요구하자 사진을 함께 찍고 협상에 응하나, 제로니모는 항복 안 하고 군대에 저항한다. 그로 인해 장군은 사직하고 새로 마일즈 장군이 후임자로 부임했다. 그는 "타협이란 있을 수 없다"고 강력하게 아파치들을 쫓았다.

　게이트 중위가 산꼭대기로 와서 다시 협상이 이루어졌다. 제로니모와 34명의 아파치들은 새 장군 넬슨 마일즈에게 투항한다. 제로니모는 보호구역이 아닌 플로리다 감옥으로 이송된다. 후송열차 속에서 그는 독백을 한다. "우린 몇 명 안 남았다. 서로 미워해선 안 된다. 왜 신은 백인에게 우리 땅을 주지? 왜 그들은 수가 많고 총과 말도 많지? 우리 신은 날 전사로 만드셨고 총과 총알도 날 죽이지 못했다. 그게 내 신통력이었는데 …. 이제 내 시대는 끝났다."

〈솔저 블루〉(*Soldier Blue*, 1970, 랄프 넬슨 감독)

　첫 장면은 '솔저 블루' 주제곡이 배음으로 깔리며 평화로운 인디언의 흰 천막이 보인다.

　미 병사(백인)들이 탄 마차가 사막을 통과하다가 습격당한다. 샤이안족에게 습격받아 전멸하고 마차에 탔던 여자 1명과 미 병사 1명만 살아남았다. 그 여자는 한때 샤이안족 추장의 연인이었던 백인여성으로 기병대가 호송 중이던 크레스타였고, 그 군인은 측위

병인 호너스 캔트 이등병이었다. 크레스타는 그 이등병을 '솔저 블루'라고 부르기 시작했다.

두 사람은 숲으로 도피하며 대화한다. 크레스타, "이 땅에서 죽이는 건 누구죠? 남의 땅에서 요새를 짓는 건 누구죠? 인디언은 땅을 뺏기는 것을 보고만 있으란 말이요?" 호너스, "머리 가죽 벗기는 것을 봤지요?" 크레스타, "그건 백인이 먼저 시작한 짓이오."

도피 중 그들은 가까워진다. 호너스, "왜 샤이안족을 떠났죠?" 크레스타, "난 그들과 다르기 때문이죠. 난 백인이거든요. 차라리 난 그들과 하나가 되고 싶어요." 호너스, "당신은 배신자군요."

그들은 인디언 상대 불법판매자의 포장마차에 침입했다가 주인에게 들켰다. 노예처럼 끌려가다가 탈출 중 그 상인의 총에 맞아 호너스가 발에 부상을 입는다. 동굴 속에서 치료를 받으며 "천사처럼 아름다워 보인다"고 크레스타에게 말한다. 그 후 그들은 순찰병에게 발견되어 인디언 캠프로 간다.

그곳 인디언 추장은 협상을 하기 위해 백기와 성조기를 들고 앞으로 나간다. 그러나 미국 장군은 발사 명령을 내려서 노약자, 어린이, 부녀자까지 모두 몰살시킨다. 호너스는 발사 명령에 반항하여 미친 듯이 뛰어다니며, "스톱!"을 외친다. 그런 죄로 쇠사슬에 묶여 마차에 끌려 다닌다.

마지막 화면에 자막이 이렇게 뜬다. "1864년 11월 29일, 약 700

명으로 구성된 콜로라도 기병대는 생크릿 마을을 공격했다. 인디언들은 하얀 기와 성조기를 항복의 표시로 올렸다. 그러나 침략을 받았다. 과반수가 노약자, 어린이인 500명을 대량 학살했다. 해골 100개 발견, 신체 절단, 강간 등이 기록되어 있다. 넬슨 마일즈 장군은 미역사상 가장 부당한 대량 학살을 한 자로 인식되어있다."

마지막 장면에서는 나무 십자가가 세워진 이름 모를 무덤이 끝없이 이어지고 있었다.

〈아파치〉(*Apache*, 1954, 로버트 알드리치 감독)

첫 자막은 이렇게 시작된다. "이 영화는 마지막 아파치 전사인 마사이에 관한 이야기로 지금까지 전해 내려와서 남서부의 전설이 되었다. 이 이야기는 1886년 제로니모의 항복으로 시작된다." 긴박하게 전개되는 첫 장면은 아파치족과 백인병사들이 계곡에서 무력으로 대치한 가운데 마사이가 말 달리며 총을 쏘는 장면이다. 그러나 백인의 총에 맞아 말이 쓰러진다. 마사이가 제로니모의 항복을 못 마땅히 여기고 분개한 행동이다.

인디언 아파치족 마사이, 제로니모, 그리고 부족의 전사들이 함께 플로리다로 압송된다. 호송 사유는 제로니모가 세 번째로 전사들을 이끌고 피를 흘리게 했기 때문이었다.

호송 열차 안에서 사진 촬영(마그네슘 터트리는) 중 연기로 혼란한 틈을 타서 마사이가 탈출에 성공한다. 그는 오클라호마의 한 농가에 잠입한다. 집주인 인디언 체로키족이 백인과 동등하고 평화롭게 사는 모습을 보게 된다. 선물로 옥수수 씨앗을 받는다. 체로키 인디언, "당신이 지혜롭다면 심도록 해요." 마사이, "아파치는 전사지, 농부가 아니에요." 체로키 인디언 농부, "백인의 세계는 풍요롭죠. 우리는 그렇지 않으니, 전사의 시대는 끝난 거죠."

마사이는 부족에게 돌아가 새 삶을 살려했지만 호응을 안 했고, 새 족장 산토스에게 밀고 당해 잡혀 간다. 산토스의 딸은 마사이를 믿고 말한다. "우리부족은 죽었지만, 마사이가 부활시킬 거예요." 산토스, "여자는 머리가 아니라 가슴으로 생각하는군."

수갑이 채워진 채 마차로 이송 중 마사이는 다시 탈출, 산토스의 딸 나린레를 납치하여 산으로 도주한다. 마사이는 난폭이 극에 달했고 백인에게 보복하느라고 방화와 살인을 반복한다. 마사이를 사랑해 온 나린레는 기어이 외친다. "옛날엔 당신이 자랑스러웠어요. 군인들에게 잡혀 갔을 때도 기도했어요. 아버지와 많은 사람들이 당신에게 잘못했어요. 하지만 지금은 당신이 더 나빠요. 당신에겐 미움만 남아 있어요. 스스로의 상처에 죽어 가는 늑대 같아요."

그 후 마사이는 순한 양이 되었다. 나린레는 임신한 몸으로 밭을

갈아 그 옥수수 씨앗을 심었고, 마사이는 총을 놓고 활과 화살로만 사냥을 하였다. 그러나 백인군인들이 계속 추적해 오자 급기야 그는 다시 총을 들고 싸우러 나간다. 이제는 키가 크고 무성한 옥수수 밭에서 기어 다니며 탐색전을 하던 마사이와 군인들의 긴장된 찰나, 움막에서 아기의 힘찬 탄생의 울음소리가 울려 나온다. 마사이는 총을 버리고 움막을 향해 걸어간다. 추적자 두 군인은 말한다. "옥수수를 키웠네요. 이런 아파치는 처음이죠. 전쟁을 그만 둔 것 같네요." "그런데 왜 슬퍼 보이죠?" "늙었나 보죠. 내겐 이 전쟁뿐이었는데. 다시는 전쟁을 하지 않을 것 같군요."